JN437536

삶과 죽음의 비밀스러운 이야기

삶과 죽음의 비밀스러운 이야기

초판 1쇄 인쇄 2020년 10월 5일
초판 1쇄 발행 2020년 10월 12일

지은이 윤여창
펴낸이 천승배
그린이 윤이실
디자인 정우혁

펴낸곳 도서출판 유한문화사
출판등록 제5-31호 **전 화** (02)2668-2055
주 소 경기도 고양시 덕양구 지도로124번길 8-35

책값은 표지 뒷면에 표기되어 있습니다.

ISBN 978.89.7722.735.4 (03810)

삶과 죽음의 비밀스러운 이야기

윤여창 지음

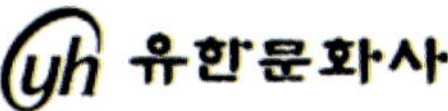

가족들—아내, 딸들, 사위들, 동생들,
특히 부모님께 이 책을 바칩니다.

머리말

2014년 12월 17일 르완다를 향해 떠났다. 30여 년간의 교수생활을 하는 동안 강의, 연구, 국제협력을 위해 무수히 많은 외국여행을 했었다. 그러나 대다수가 아프리카를 생각할 때 질병과 범죄 등 열악한 환경을 떠올리기에 르완다로 떠날 때는 마음이 편치 않았다. 말라리아 모기에 물려 사망한 소식, 산사태로 희생되거나 번개를 맞고 쓰러진 사람들의 소식을 들었다. 그리고 해외 파견 중 갑자기 돌아가신 분들도 있었기에, 다시 돌아오지 못할 수도 있다는 생각이 들었다.

체재기간은 일년으로 정했었다. 현지에서는 국립르완다 대학교에 설립되는 치즈제조공장 건설이 지연되고 있어 코이카 중장기자문단의 일원인 내가 와서 이 공장을 정상가동 시켜 주기를 기다리고 있었다. 예정했던 일 년이 지나고 다시 일 년이 지났으나 일이 느리게 진척되어 일 년을 더 연장하였다. 3년째에 공장시설이 완공되고 시제품이 생산되었다. 아프리카 생활 3년은 특이한 체험이었다. 마치 동화 "이상한 나라의 앨리스"에서 토끼 굴 속으로 떨어진 앨리스가 전혀 다른 세계에서 여러 가지 신비스러운 경험을 하듯이 내게 아프리카에서 색다른 일들이 많이 일어났다. 가족과 떨어져 있었지만 천 개의 미소를 가진 현지인들, 대자연과 다양한 생물들은 내게 큰 위안을 주었다. 영감을 주었고 생각하게 했으며 글을 쓰게 했다. 살아오면서 가졌던 삶과 죽음에 관한 의문들이 하나씩 정리되어갔다. 삶의 의미, 세상의 불의와 고통, 죽은 뒤의 세계, 생활의 예술, 세계적 유행병에 관해 생각했던 것들이 이 책의 주된 내용을 이루고 있다.

전 세계의 많은 이들이 몸과 마음의 어려움을 겪고 있는 지금, 이 책을 읽는 이들이 인간 존재의 의미에 대해 성찰을 하고 위로 받을 수 있기를 바란다. 나에게 깨우침과 희망을 가져다 준 동식물, 그리고 요정에게 감사의 마음을 전하며, 그들이 평안하기를 기원한다. 또한 내가 살아가는 동안 인연을 맺은 모든 사람들에게 감사한 마음을 전한다.

차례

1장	표범과 삶의 의미	03
2장	독수리와 삶의 수수께끼	23
3장	고릴라와 인간의 삶	49
4장	요정과 사후세계	69
5장	독초와 악의 세력	89
6장	아름다운 새와 삶의 예술	103
7장	박쥐와 세계적 유행병	119

1장

표범과 삶의 의미

보름달이 뜨는 날이었다. 르완다 북부도시 무산제에서 일을 마치고 나니 저녁 7시가 조금 지났다. 대중교통수단은 끊어지고 땅거미가 지기 시작했다. 내가 있는 부소고까지 거리는 약 15 킬로미터이었다. 택시를 이용해야겠지만 밝은 달빛아래 정적 속에 쌓인 영원한 봄의 나라의 밤길을 혼자 걷는 즐거움을 누리고 싶었다.

저 건너 고릴라 산 등성위로 하늘을 붉게 물들이고 있었던 황혼은 서서이 어둠으로 바뀌고 있었다. 높은 산들로 둘러싸인 산간지방의 신선한 공기가 업무에 피로해진 심신을 새롭게 해 주었다. 전형적인 아프리카 산촌인 부소고 가는 언덕길에서 내려다보이는 경작지, 집들, 그 너머 멀리보이는 중첩된 산들 그리고 산촌 여기저기에서 저녁 준비하는 연기가 평화로운 분위기를 느끼게 했다. 어린이들이 손을 흔들며 지나가는 길손을 맞이해 주었다. 왼쪽에 늘씬한 자태를 자랑하고 있는 유칼립투스 나무들이 즐비한 길가에 목동들이 양떼를 몰고 귀가하고 있었다. 전형적인 중앙아프리카 마을풍경이었다.

"아빠, 사람은 왜 사는지 모르겠어요."

딸이 중학교에 다닐 때 한 말이 갑자기 떠올랐다. 나는 생각했다. '삶이 기쁨으로 충만하고, 긍정적인 것으로 생각되었다면, 그런 질문은 하지 않았겠지. 반복되는 하루하루, 의무, 책임감 속에서 학교 가고 집에 돌아와서 숙제하고 다시 학원에 가는 생활이 무슨 의미가 있는가? 이 시기가 지나 어른이 된다 해도 행복할 날이 있을 것 같지 않다는 생각도 들었겠지.'

“죄송해요. 그동안 걱정만 끼쳐드렸어요” 라는 내용의 부모님에게 남긴 유서와 함께 많은 고뇌, 스트레스, 고독감, 성적에 대한 중압감에 시달리다가 자살한 여중생의 이야기도 알고 있겠지. 어쩌면 친구들과 모처럼 즐거운 시간을 가진 후 집으로 돌아오는 길에 언젠가는 죽어야 한다는 사실도 인식했겠지? 모든 아름다운 시간이 죽음으로 끝난다는 사실을 느끼며 슬픔을 느꼈을 때도 있었겠지. 짧은 순간적 즐거움과 지속적 부담 속에서 성장하며 주어진 의무를 수행하는 과정에서 때로는 견디기 어려운 고통의 순간들을 거치며 살아가다가 결국은 죽음으로 끝나는 삶에 어떤 의미가 있을까? 이런 물음들이 어린 영혼을 짓누르고 있었을 것이었다.

지금 많은 것이 부족한 상태가 성인이 되어서도 모든 것이 충족된 때는 오지 않을 것이라는 것을 느끼면서. 제기되는 이 근본적 물음, 이는 인간이 태어나서 성장하며 죽어 삶을 마치기까지 다양한 형태로 펼쳐지는 삶 속에 불현 듯이 떠오르는 삶의 목적에 대한 질문이었다. 충분히 살아보고 난 후 에도 많이 생각해보고 나서도 대답이 쉽지 않은 인간의 존재의의에 대한 질문이었다. 이런 상념에 빠져 걷고 있을 때 언덕에 앉아서 내 쪽을 응시하고 있는 물체가 시야에 들어왔다, 풀 더미라고 여기고 그냥 지나치려 했다. 가까워짐에 따라 편안히 앉아있는 동물의 모습이 눈에 보였다. 표범이었다. 낮에 먹이 사냥을 마치고 이제 휴식을 취하고 있는 듯 했다.

먹이사냥에 성공한 경험에서 나오는 유연한 모습이었다. 두려워하며 몸을 피하면 그것은 표범의 먹이 감과 같은 행동이므로 공격대상으로 인식하고 공격해 올지 모른다. 르완다 남서부에서 부룬디, 콩고에 걸쳐있는 중앙아프리카 최대의 원시림 융웨 숲에서 얼마 전 식물학자가 침팬지의 공격으로 손가락이 잘린 일이 있었다. 이 사건은 식물학자가 침팬지가 즐겨먹는 열매가 달린 식물을 채집하려 했기에 발생한 일이었다. 맹수라 할지라도 배가 고프거나,

자신이 위협을 느낀다든지 피해를 느끼지 않는 한 인간을 공격하지 않는다.

나는 웃음을 띄고 숲 속에 홀로 있는 고독해 보이는 표범을 조금이라도 위로해주기 위하여 부드러운 음성으로 말을 건넸다. “안녕, 지금 집에 돌아가는 길이야. 놀라게 했다면 미안해.” 표범은 인간들을 익숙하게 보아왔지만 이곳 주민과 다르게 생긴 나를 주시하며 잠자코 있었다.

“늦은 시간이라서 많은 이야기를 할 시간이 없어. 내일 맛있는 것 갖다 줄게, 안녕“ 우리의 만남은 이렇게 시작 되었다. 다음날 나는 약속을 지키기 위해 염소고기 5킬로그램을 사 가지고 다시 그 곳으로 갔다. 표범은 나를 기다리고 있었던 듯 했다. 표범은 고기를 잠간 쳐다본 뒤 곧 나를 향해 시선을 돌렸다. 좋아하는 먹이가 눈앞에 있지만 절제된 모습을 보여주었다.

“선생님이 오시리라고는 기대하지 않았어요. 자신이 한 말을 지키려는 사람을 보기 힘든 세상이에요. 진실은 점차 사라져 가고 신의 보다는 실리가 우선시 되고 있어요. 선함은 이익을 가져다 주는 것이고 선함을 가장한 위선이 더 실익을 주고 있어요. 빠르게 변화하는 세상에서 오래 기억되는 선함보다는 더 효율적인 것의 가치가 모든 분야에서 통용되고 있어요. 변치 않는 사랑, 우정이라는 용어는 이제 빛이 바랜 말이에요.” “내가 진실해서가 아니라 이 산간마을에서 별로 말동무도 없고 해서 온 것 뿐이야.” “고마워요. 단지 스쳐 지나가는 것이 아닌, 특별한 만남이 있어요.

선생님을 처음 만났을 때 왜 그런지 그런 만남일지 모른다는 생각이 들었어요. 생활에 의미를 주고 그래서 다음 만남을 기다려지게 하는 만남일지 모른다는 생각이 들었어요."

표범의 말에 나는 대답했다.

"나는 모든 만남을 중요하게 생각해. 인간의 고통과 불행은 만남에서 연유하기도 하지만, 그러나 만남에 의해 서로 격려하고 위로 받게 되지. 같이 이루어 갈 수 있어. 그런 만남을 통해 개인에서 우리가, 우리에서 가정이, 가정에서 사회가 형성되지."

내가 태국과 인연을 맺게 된 만남을 표범에게 말해 주었다.

"1995년 7월 인도네시아 발리에서 열린 학회에서 논문발표를 했을 때였어. 발표를 들은 태국교수가 초청을 하고 싶다는 제안을 했어. 그냥 지나가는 말로 여겼으나 곧 초청장이 왔어. 이렇게 시작해서 거의 매년 보름에서 한 달 정도 초청을 받았어. 흰색상의에 검은색 하의 제복을 입은 학생들의 순박함에 이끌려 초청받는 대로 수락하다 보니 자연스럽게 언어도 익히게 되었어. 그 한사람과의 만남으로 인한 결과이지."

표범과 나는 매달 보름달이 뜰 때 그 곳에서 만나서 여러 가지 이야기를 나누었다. 내전의 상처에서 벗어나 발전하고 있는 르완다의 미래, 아프리카에 천여 종 이상의 언어가 존재하는 이유. 이동통신의 보급으로 네트워킹이 형성되는 현상이 앞으로 아프리카에 미칠 영향. 비옥한 땅이 많은데도 아프리카에 식량이 부족한 근본적 원인, 다이아몬드, 석유 등 온갖 자원이 많은 나라가 빈곤한 이유. 아프리카의 미래전망 등 표범과 대화를 나누고 있으면 시간 가는 줄 몰랐다.

어느 날 표범이 말했다.

"언젠가는 인간과 우리들 표범이 친구처럼 지내는 날이 올 것이에요."

"그런 날이 올까? "

내가 회의적으로 응대하자 표범은 말했다.

"세상만물은 서로 의존적이고 밀접한 보완관계에 있어요. 땅은 식물에게 생존과 성장에 필요한 물질을 제공하고, 식물은 동물과 인간에게 도움이 되어요. 동물의 배설물은 다시 식물에게 도움을 주고, 공기, 태양광선이 이들의 성장에 도움을 주어요. 성인은 어린이를 보살펴주고, 어린이는 성인에게 희망과 기쁨을 주어요. 식물, 초식동물, 육식동물, 미생물, 공기, 태양, 땅 등, 전체가 하나의 순환 고리 안에 있어요,

지금은 이런 자연 상태가 많이 훼손된 상태예요. 그래서 많은 문제가 발생하고 있어요. 이제 힘 있는 자가 폭력으로 이웃에게 위해를 가하는 것은 사회정의에 의해, 모두 멸망을 초래하는 핵무기에 의해 어느 정도 자제하고 있어요. 그 대신 새로운 문제가 나타나고 있어요. 조화로웠던 자연 상태가 회복되는 날이 올 것이에요"

"자연이 훼손된 상태라고 했지? 그렇다면 조화로웠던 상태가 있었다는 말인데 왜 그 상태가 깨어졌을까?"

표범은 내 물음에 대해 긴 이야기라는 표정을 지으며 침묵했다.

내가 말했다.

"수송수단이나 통신이 발달하고 제도가 변화됨에 따라서 인간 사이를 갈라놓았던 요인들이 이제는 점차 사라지고 있어. 그래서 인간과 표범이 그리고 다른 맹수들과도 가까이 지낼 수 있는 날에 대한 기대가 가능 할 수도 있겠군."

표범은 이 가능성에 대해 많은 생각을 했던 듯 했다.

"세상에는 세 종류의 힘이 작용하고 있어요. 인력, 축력, 조화력이지요. 다시 말하면 끌어당기는 힘, 밀어내는 힘, 이 두 힘 사이를 조화롭게 하는 힘이지요. 힘을 작용하는 주체에 따라서 다양하게 나타나게 되어요. 내가 물었다.

"그 세 종류의 힘에 의해서 세상이 움직인다는 말이지? "

"네, 그래요. 모든 것이 생겨나고 없어지고 유지되기도 해요. 씨앗이 발아되어 줄기가 생기고 잎이 생기고 열매가 맺고, 얼음에서 물이, 물에서 수증기가 생겨나고 기존의 이론에서 새로운 이론이 생겨나게 되어요. 인력, 축력, 조화력의 균형상태에 변화가 올 때 다른 상태로 변화되어요."

내가 말했다.

"현재 아프리카 사막은 과거에는 비옥한 초원지대 이였다지?

현대인의 세련된 모습은 과거에는 다른 모습이었을 것이야."

표범이 말했다.

"우리가 사는 이 세상 역시 어디로인가를 향해 가고 있어요. 현재가 부정적 상태이라면 언젠가는 지금보다 나은 긍정적인 상태로 변화되는 날도 있을 수 있겠지요. 그곳은 아주 다른 곳일 거예요."

나는 확인하듯이 물어보았다.

"모든 상태는 작용하는 힘에 의해서 다른 상태로 변화된다는 말이지?
단순히 변화되는 것이 아니라 전상태의 모든 과정이 합쳐진 결과로서 다른 상태로 가겠지? 마치 한 송이 꽃이 피기까지 많은 과정이 제대로 작동될 때 가능하듯이 그 변화는 그냥 되는 것이 아니라 그것이 있게 하기 위한 일련의 과정을 거쳐서 발생하리라고 생각돼.

마치 어떤 사람이 그가 할 수 있는 일을 합리적으로 처리하면 좋은 미래가 기다리고 있을 가능성이 높듯이. 또한 상습적으로 교통법규를 지키지 않는 사람의 경우 언젠가는 큰 사고를 일으키듯이. 매사를 잘 처리한 삶은 역시 좋은 상태로 변화 되겠지? "

"우리는 알 수 없어요. 그러나 그럴 가능성은 다분히 있어요. 그 가능성을 믿고 살아가야 하겠지요."

"네 말대로 평소에 한 행동이 쌓여 그에 상응하는 결과를 초래하듯이 보다 나은 상태로 변화된다면 이 세상의 선악이 뒤섞여 있는 상태는 분리되어 선의 세계와 악의 세계로 분리될 수 있는 날이 올 수도 있을 거야. 인간의 삶이 현재의 부정적 상태에서 보다 나은 미래로 가는 과정에 있다면 그에 걸 맞는 삶을 살아가야 되겠지."

표범이 말했다.

"나는 배고플 때 살생을 많이 했어요. 어떤 상태로 변화될지 모르겠어요."

"아! 그것은 살생이 아니야. 그로 인해 생태계가 보존되지, 너나 사자 같은 맹수들은 하루에 20시간이상을 잠자고 나머지 시간을 사냥함으로써 초식동물이 과다하게 번식하는 것을 방지하고 있어. 그로 인해 초원을 보호하고 생태계는 건강한 상태로 보존되지. 네가 초식동물을 사냥하지 않는다면 초식동물들 스스로 자신의 동료들을 죽음으로 내몰 거야."

"우리는 커다란 시스템 안에서 모두 연결되어있어요."

"어느 대학 게스트하우스에서 며칠 지낸 적이 있어. 방을 비우기 전에 짐을 정리한 뒤 마지막으로 두고 나온 것이 없는지 방안을 둘러보고 책상 설합을 열어 보았더니 식권 두 장이 들어있었어. 분명히 전날 남은 식권을 환불 받았는데 어찌된 일인가 하고 생각하던 중 앞에 이 방을 쓰던 사람이 남겨 놓고 간 것이라는 생각이 퍼뜩 들었어. 환불 받을 수 있었겠지만 뒷사람을 위해 남겨 두고 간 따뜻한 마음씨에 감동되어 경비실 근무자에게 각별히 신경을 써서 작별인사를 하고 떠났지. 이에 기분이 좋아 진 그는 아침에 동료와 언쟁을 한 것에 대해 미안하게 생각하고 동료에게 먼저 화해의 말을 하지 않았을까? 그 동료는 무거운 마음이 풀려 집에 가서 가족에게 더 배려하는 행동을 했겠지.

그 가족들은 또한 다음 날 만나는 이웃에게 이런 식으로 친절하게 대했으리라고 생각돼. 이런 식으로 우리는 서로 연결되어 있어."

"아빠, 사람은 왜 사는지 모르겠어요."

나는 표범에게서 힌트를 얻을 까 하는 마음에서 삶의 의미에 대해서 딸이 던졌던 질문에 대해 물어보았다.

"이 산에 그리고 저기 앞산에도 이름 모를 꽃들이 많이 피어 있어요.

그 꽃들의 향기를 맡아 본 적이 있으신가요? 눈 여겨 보세요.

아무리 아름다운 꽃도 하루만 지나면 그 전날보다 향기가 덜해지는 것을 볼 때 무상함을 느끼게 해요.

아무도 알아주지 않는 이름 없는 꽃이라 할지라도

아침안개와 같이 사라지는 덧없는 삶이라 할지라도

바람 앞에 곧 사라져가는 미약한 향기일지라도,

그 주변을 조금이라도 향기롭게 할 수 있다면 그것으로 살아가는 의의가 충분하지 않을까요?

세상의 모든 부정적 요소에도 불구하고 더 나은 상태를 지향하는 삶, 그 주위를 이웃을 조금이라도 향기롭게 하는 일 가운데 삶의 비밀이 있지 않을까요? "

갑자기 술에 취한 부랑인이 밤길을 비틀거리며 걸어가면서 한 말이 생각났다.

"내가 왜 더 나아져야 한단 말인가? "

아무렇게나 되는대로 살아가도 된다는 것이 아니라는 표범의 말은 깨달음을 주는 듯 했다. 표범의 말이 딸의 인간은 왜 사는가에 대한 질문의 답이라고 생각되었다.

표범이 말했다.

"밝은 내일을 만들어가는 삶, 실패에서 일어나고 슬픔에서 기쁨을, 분쟁에서 화해가 있는 삶이 되어야 해요. 강자와 약자가 서로 돕고 협력하며 서로 같이 살아가는 세상이 되도록 우리는 노력해야 해요."

"내 귀국일이 다가오고 있어 다시 만난다면 나를 기억할 수 있을까? "

"우리처럼 지능이 발달한 동물은 그가 전심으로 따랐던 인간을 잊지 못해요. 개의 경우 그가 좋아하던 주인과 헤어지게 되면 평생을 심한 우울증에 빠져 있게 되요. 내 경우도 선생님을 잊지 못할 거예요."

"동물 역시 인간에 못지않은 인식능력이 있다는 사실을 느낀 적이 있어. 너와 같은 고양이 과 동물인 내 친구 고양이 이야기를 해줄게.

들 고양이 몇 마리가 내가 한국에서 근무하던 대학의 넓은 캠퍼스에서 살고 있었어. 털은 윤기가 흐르고 건강한 모습이었어. 언제부터인가 생선 등 먹을 것을 고양이가 돌아다니는 길목에 놓아두고는 했지. 주로 건물 뒤 쓰레기 하치장에 부정기적으로 생각날 때마다 갖다 놓았어. 나중에 가보면 음식이 깨끗이 없어진 것을 보고 그가 다녀간 것 알 수 있었지.

그렇게 지나기를 일 년 정도 되었을 까. 그 고양이와 서로 마주친 적은 없으나 어떤 공감대가 형성되었다고 생각돼. 먹을 것을 주는 즐거움, 먹이를 기다리는 기대감과 고마움은 대화를 나누는 것 못지않은 교감이 이루어지게 했던 것 같아. 그러던 어느 날. 창가에서 무엇인가가 내가 앉아있는 방안을 응시하는 것이 보였어.

먹이를 주던 고양이 이었어. 그 고양이는 자신에게 먹이를 주는 고마운 사람이 누구인지 찾아내기로 작심을 했던 것 같았어. 많은 사람들이 오가는 길에서 예민한 후각으로 먹이를 주는 사람을 찾아 나선 결과 결국 나를 찾아 내고 만 것이야. 감탄하지 않을 수 없었어. 인간보다 수백 배 능가하는 후각, 그 먹이가 어디서 그냥 떨어진 것이 아니라 누군가 자신을 위해 갖다 놓은 것이라고 판단한 인지능력, 출처를 어떻게든 찾아내고야 말겠다는 결의는 인간 못지않다고 생각했어."

표범은 다소 침울한 표정으로 말했다.

"우리는 오래 만나지 못하겠지요?

"아마 그럴 것 같아."

"오히려 그 편이 좋을지도 몰라요. 너무 가까이 있으며 서로에게 상처를 줄 수 있어요. 너무 가까이 있다 보면 만남의 즐거움, 기다리는 기쁨이 없게 될 수 있어요. 관계는 무디어지고 별다른 감흥이 없게 될지 몰라요.

둘 사이를 연결시켜주는 에너지가 그 연결 상태가 이루어지고 나면 약해지는 것이지요. 경우에 따라서는 적대적관계로 까지 가는 것을 흔히 볼 수 있어요. 한때 다정했던 관계는 타성, 권태에 빠지게 되어요. 멀리 있으면 가까워지고 싶게 되나 가까이 있으면 멀어지게 되기 쉬운 성향이 있어요."

"항상 가까이 있다 해도 더 좋은 관계로 진전될 수 없을까? "

내가 묻자 표범이 대답했다.

"정상에 이르면 내리막길이 있듯이 관계의 정상에서 끌어당기는 힘이 약해지게 되지요. 그 결과 밀어내는 힘이 강해지므로 사이가 멀어지게 되어요. 이를 유지하려는 노력이 필요하나 참 어려운 일이에요."

"선생님 같은 친구가 세상에 존재한다는 사실 하나만으로도 위안이 되요. 만날 날을 기다리는 즐거움 속에서 살겠어요."

2장

독수리와
삶의 수수께끼

르완다 수도 키갈리에서 버스로 두 시간을 달리면 르완다에서 두 번째로 큰 도시인 무산제에 도착한다. 거리는 105킬로미터에 불과하지만 천개의 언덕을 가진 나라라는 별명에 걸맞게 수많은 언덕길을 오르내리는 도로이므로 오래 걸린다. 중간지점쯤에 도달하면 냐바롱고강이 산 능선에서 눈 아래로 보인다.

냐바롱고강은 아프리카에 산재해 있는 나일강으로 흐르는 원류의 하나로 우간다에 있는 빅토리아 호수를 지나 수단, 이티오피아를 거쳐 이집트 나일강에 이른다. 20여년전 이집트 국립연구센터와 협력관계로 1995년 3월부터 이집트를 여러 차례 방문한적 있었으나 나일강 원류가 흐르는 곳에서 생활할 줄은 예상 못했었다.

무산제는 해발 4,127미터의 무하브라산, 해발 3,711미터의 비소케산, 해발 3,634미터의 사비뇨산, 3,447미터의 가힌가산으로 둘러싸인 아늑한 느낌을 주는 르완다 북부의 거점도시이다. 사비뇨산은 우간다, 콩고, 르완다 삼 개국 국경을 이루고 있다. 무산제는 해발 2300미터에 위치한 북부지역 물자 집산지로서 시장에 다양한 종류의 열대과일, 야채들이 풍요로운 느낌을 준다. 르완다에서 우간다, 케냐, 탄자니아로 이어지는 현재 계획 중인 철도가 완공된다면 이곳은 교통의 요지가 될 것이다.

무산제에서 다시 30킬로미터 올라가면 내가 사는 부소고 마을에 이른다. 해발 2800미터에 위치한 주거지역으로 세계에서 세 번째 높은 곳에 있는

2 B

산골마을이다. 이곳에 온지도 3년이 되었다. 2014년 12월 코이카 자문단원으로 르완다에 와서 국립르완다대학교 식품공학과 교수로 재직 중이었다. 주된 업무는 대학에 네델란드 원조로 세워지는 완공단계에 있는 치즈공장이 원활하게 가동되도록 자문하는 일이었다. 이 공장에서 현재 르완다의 주종 수출품목인 커피와 차 그리고 보다 부가가치가 높은 품목을 개발하여 르완다 경제개발에 기여함을 목표로 하였다.

르완다대학교 식품공학과가 주관이 되어 우유가공공장을 운영하여 우선 식품공학과학생들에게 실무교육을 원활히 받게 하고 공장에서 생산되는 제품의 판매를 통해 내부소득을 창출하도록 하였다. 르완다는 기후가 온화하고 사료자원이 풍부하여 우유가 많이 생산되고 있다. 이렇게 생산되는 우유에서 전략적 수출품목인 치즈를 제조하고 관련기술을 산업체에 보급할 예정이었다.

나는 부소고 마을의 대학 캠퍼스 안에 약 300평 규모의 텃밭이 달린 관사에서 살고 있었다.

독수리가 자주 텃밭에 놀러 왔다. 텃밭에 버린 음식에서 고기냄새가 나면 어김없이 찾아왔다. 처음에 그는 고기를 억센 부리로 물자마자 이웃집 지붕위로 올라가서 먹었으나 점차 사이가 가까워지게 되자 텃밭에서 먹으면서 대화를 나누는 시간을 가졌다. 그의 부리는 바위라도 깰 수 있을 것 같았고, 무거운 것도

거뜬히 움켜쥘 수 있는 두 다리에 튼튼한 날개를 가졌다.

내가 말했다.

"네 날개를 보니 대륙이라도 거뜬히 건너 날아갈 수 있을 것 같아."

"우리는 상당히 멀리 갈 수 있어요. 우리 가운데 능력 있는 친구는 마음먹으면 한 번 날개 짓으로 10만 킬로미터 이상 이동이 가능해요. 빠른 시일 이내에 지구를 벗어나 다른 태양계로 이동할 수 있어요."

"다른 태양계? "

"인간이 거주하는 지구는 무수히 많은 태양계의 일부에 불과하잖아요."

"그곳에서 신을 만나보았다고 해? "

"아무도 그 분을 직접 만날 수 없어요. 그러나 우리는 그 분의
존재를 느껴요.
해와 달이 있고 어둠과 빛이 있어요, 긴 것이 있으면 짧은 것이, 찬 것이 있으면 뜨거운 것이 있듯이, 우리 같은 유한한 존재가 있으면 영원한 존재가 있는 것을 느끼게 되어요.
나뭇잎 하나가 세상에 가을이 온 것을 알려 주어요.
새끼를 낳자마자 스스로 탯줄을 끊을 줄 아는 동물들에게서,
태내에서 밖으로 나오자마자 걷기 시작하는 새끼에게서,
갓 태어난 염소 새끼가 누가 가르쳐주지도 않았는데 어미에게 다가가서 그 젖을

빠는 모습에서, 그 분의 존재를 느껴요.
소의 생명을 있게 하는 풀에서,
풀을 자라게 하는 땅에 있는 각종 무기물과 미생물을 보면서
땅속의 미생물에서 생명을 있게 하는 질소성분이 만들어지는 것을 보고
꽃의 아름다움에서, 꽃의 번식을 가능하게 하는 꿀을 빨아먹고 있는
나비에게서, 모든 생명을 가진 존재의 생명력에서, 삶의 욕구에서
생명체는 흙으로 돌아가고, 흙의 성분은 다시 생명을 만드는 순환과정에서
우리는 그분의 존재를 느껴요. 시간이 지나며 느낌은 믿음이 되고 믿음은 모든 것이 우연일 수 없다는 확신이 되었어요."

내가 물었다.

"지금 네가 말한 여러 가지 사례들에서 우주의 질서, 정교한 규칙성과 자연의 모습에서 경외감을 갖게 되고 이 모든 것을 있게 한 주체로서 신의 존재를 느낀다는 말이지? "

나는 독수리에게 선과 악이 마치 대칭을 이루는 듯한 세상모습에 대해 말해 주었다.

"그 뿐만 아니라 세상에는 자연의 다양함만큼이나 선과 악의 종류가 다양하고 각종 다양한 형태의 악들 역시 어떤 질서에 의해 작동되고 있어.
친절함, 사랑, 선량, 성실, 근면 등의 선이 미움, 탐욕, 사악함 같은 악과 대조를

이루며 역시 인간 내부에도 존재함으로써 이것이 인간 전체를 이루고 있는 사실이 네 확신을 뒷받침한다고 할 수 있어."

독수리가 말했다.

"과학자가 영감에 의해 인도되어 각고의 노력 끝에 새로운 발명을 하고. 탐험가는 확신을 가지고 미지의 세계를 탐험하지요. 경험이 풍부한 수사관은 현장에 버려진 무심히 지나칠 수 있는 단서에서 범인의 얼굴윤곽, 신장, 몸무게를 추론할 수 있어요. 우리에게는 세상만물에서 신의 존재를 느낄 수 있는 영력이 있어요."

"신의 존재를 부정하는 의견도 만만치 않은데, 네 의견에 공감하지 않는 견해도 많이 있을 것이야."

"이웃나라 콩고에 있는 활화산에 가 보셨어요? 화산이 폭발할 징후가 있으면 탐지기가 포착해서 주민들을 대피시켜요. 우리는 그 어떤 정밀기기보다 예민한 감지능력이 있어요.

인간은 어떤 대상이 있을 때 각자 받아들이는 방법을 가지고 있어요. 그의 타고난 성향, 환경에 의해 얻게 된 가치관을 바탕으로 입력되는 자료들은 상이한 출력 값을 보이게 되지요. 신의 존재를 인식하는 것은 지능이나 교육받은 정도와 관계없어요. 그래서 신을 믿기도 하고 부정하기도 해요.

인간은 원시적인 상태에서 문명사회까지 오는 과정에서 그의 역량과 활동 영역 확장으로 많은 것을 할 수 있게 되었으나 그가 알지 못하는 세계 인 영계가 있어요. 또한 사후세계는 죽어보지 않았으므로 알 수 없어요. 우리들이 날아간 곳, 우리가 아직 날아가 보지 않은 광대한 우주를 모두 돌아보고 나서 신이 있는지, 없는지를 단언해야 해요."

"네 말도 일리 있어. 그런데 우리 인간은 많은 것을 고안하나 이는 기존에 존재하는 것을 활용하는 것일 뿐이야. 무일푼에서 창업을 한다 해도 이 역시 있는 자원을 동원해서 이룩하는 것이지. 제국건설도 있는 것을 더 확장시킨 것이야. 인간의 사상은 그 전의 것을 토대로 개선하고 더 발전시킨 것이고 과학기술 역시 마찬가지야. 인간은 존재하는 것을 활용함으로써만 무엇인가를 만들 수 있어. 그렇다면 '무'에서 '유'가 어떻게 만들어 질 수 있을까? "

독수리는 대답했다.

"비물질적인 것에서 물질이 형성되는 것은 인간세상에서 흔히 볼 수 있어요. 의지에 의해서 물질이 만들어지는 예를 들어볼까요?
꽃에 물을 주고 비료를 줄 때 정성이 담기면 더 잘 자라는 것을 볼 수 있어요. 고기잡이 나갔다가 풍랑으로 바다에 빠져 죽은 남편을 기다리던 아내가 돌이 되었다는 망부석 이야기는 전설이라 하더라도 사랑하던 남편의 죽음으로 정신적 충격을 받아 시신경이 약해져서 실명한 일이 있지요? 긍정적 사고는 면역물질 합성에 도움이 되어 면역체계를 강화시킨다는 사실이 과학적으로 입증되었어요. 이는 비물질적인 것에 의해 물질이 만들어지는 예 이여요. 정신적 요인이 육체질병을 유발하는 사례는 흔히 볼 수 있어요, 정신은 물질을 만들고,

물체에, 육체에 영향을 끼쳐요."

"동남아에 머무르고 있을 때 몇 번 배탈이 났었어. 배탈에는 먹지 않는 것이 가장 좋아. 그렇게 어쩔 수 없이 금식을 해야 하는 상황에서 설탕 한 술이 피로한 정신을 각성케 했던 경험을 여러 차례 했었어. 스리랑카에서는 현지인이 뜨겁게 달군 철판 위에서 춤추는 것을 본적이 있어. 정신이 육체에 작용해서 뜨거움을 극복해 낸 거야."

그러나 이 역시 있는 것에서 다른 형태의 것이 만들어진 게 아닌가? 독수리는 내 생각을 간파한 듯이 웃으며 덧붙였다.

"그러나 그것도 이미 존재하는 것을 더 잘 존재할 수 있도록 하는 것 이예요. 무에서 유를 창조하는 것은 쉽게 말하자면 그분의 입김에서 생명을 이루는 물질과 비물질을 있게 하는 기본적 구성단위가 나올 수 있고 일단 단순한 물질이 생겨난다면 생명을 비롯하여 모든 물질이 생성되는 것을 생각할 수 있어요. 어쨌든 우리가 아직 모르는 다른 가능성이 있을 것 이예요."

물질과 비물질의 상호관계에 대한 독수리의 말을 듣고 있으면서 비물질인 기의 작용에 대해 물어보았다.

독수리는 말했다.

"비어있는 집과 인간이 거주하는 집은 느낌으로 알 수 있어요. 한 여자가 한을 품으면 여름에도 서리가 내린다는 말이 있어요. 강한 응집된 마음은

기를 생성하고 이는 주위로 퍼져나가 멀리 하늘 높은 곳 까지 가서 기의 형태로 우주에 존재하게 되고 이것이 서리를 만든다는 의미이지요."

나는 다시 물었다.

"잃어버렸던 어린 아들을 철길에서 만나는 꿈을 꾸고 다음날 그 곳에 가서 아들을 다시 만난 일이 있었어. 이런 일 역시 기의 작용에 의해서 가능할까? "

독수리는 설명하기가 쉽지 않다는 듯한 표정을 지으며 말했다.

"외국에서 교통사고로 죽은 아들이 사고 당하는 순간에 이를 감지했던 어머니가 있었지요, 또한 남편이 살해되던 날 아침부터 부인이 알 수 없는 불안감에 싸여 있던 일도 있었어요. 이런 일은 인간이 발생하는 에너지인 기의 교감에 의해 가능할 거예요. 사랑하는 아들에게서 나오는 기가 어머니에게 전달되고 음모자들의 살기가 아내에게 도달 된 것으로 생각되어요. 개가 주인이 죽는 날 앞을 가로막고 못 가게 한 일이 있었는데 동물은 이런 감지능력이 인간보다 월등해요. 이런 사례들은 우주에 존재하는 기와 어떤 형태의 교감이 이뤄진다는 생각이 들게 해요."

신이 존재하는가 아니면 존재하지 않는가 라는 질문에서 오래전부터 대두되었던 문제에 대해서 물어보았다.

"신이 있다면 세상의 불의와 부조리는 왜 있을까? "

"그분은 수백억, 수천조에 달하는 아니 그 이상 많은 태양계로 이루어진 우주전체가 조화를 이룰 수 있도록 관장하고 있어요. 따라서 지구라는 행성에서 일어나는 일들을 그분의 계획에 의해 프로그램에 맞춰놓고 어느 때가 되면 돌아보고는 해요. 그분은 전체구도를 설정했을 뿐 이예요. 말하자면 이런 식이지요.

그분은 밝고 어두운 것, 높고 낮음, 뜨거움과 차가움, 길고 짧음, 긍정과 부정적 요인들을 만드셨어요. 이들은 여러 관여하는 요인에 의해 쪼개지기도 하고 다시 결합되어요. 이 과정에 춘하추동, 월별로 분류되고, 다시 날짜로 분류되는 시간과 공간에서 인간의 마음이 작용하며 형형색색으로 변하면서 수많은 가능성을 보이는데 인간은 이를 기쁨, 고통, 사랑, 미움 등으로 인식하게 되어요. 또한 악의 모습과 부조리로서 나타나게 되지요."

내가 말했다.

"우리가 듣는 소리의 경우 소리가 공기 중에서 진동을 일으킨 것이 우리의 청각기관에 인식되고 있어."

"아, 그렇군요."

"색깔 역시 마찬가지야. 빛이 일으키는 파장이 눈을 통해서 색으로 인식되는 것이야. 빨강, 파랑, 노란색은 단지 색깔일 뿐인데, 인간이 이를 아름답게 또는 아름답지 않게 느끼는 것이지. 이런 식으로 인간의 내부에서도 인간본성의 밝은 면, 긍정적, 어두운 면, 부정적인 면을 만들게 되어. 그렇다면 이 상황에서 인간은 어떻게 해야 할까? "

독수리는 대답했다.

“인간이 살아가는 모습을 자세히 보면 정교하게 설계된 얼기설기한 그물 가운데 있는 듯한 형태이에요. 인간은 자칫하면 고통 속에 살도록 만들어진 고통의 굴레 속에서 존재해요. 보이지 않는 미로와 같은 그물이지요. 인간이 태어날 때부터 가지고 있는 각종 질병을 일으킬 수 있는 요인들과 태어나서 존재를 위협하는 수많은 요인들이 그에게 다가와서 괴롭히는 다양한 형태의 악들을 만들어 내요.”

내가 말했다.

“그래서 인생에는 눈물과 한숨이 가득해.”

“인간의 삶은 일종의 수수께끼를 풀어가는 과정과 같아요.”

“인간은 왜 그런 상황에 처하게 되었을까? ”

“그런 수수께끼를 풀어야하는 것은 그럴 수밖에 없는 상황이 있었겠지요. 예를 들어 어떤 폐쇄적인 나라에서는 국경에 한 발자국만 들어가도 월경죄로 처벌하듯이, 말하자면 그 분의 영역을 침범했을 수도 있어요. 그래서 한 번의 기회를 주어 그 죄를 탕감하게 하는 방식일 수도 있어요. 존재를 위협하는 수많은 요인으로부터 존재를 위한 그 처절한 노력을 할 수 밖에 없는 그물 같은 상황, 신은 인간이 이러한 그물에서 벗어나기를 바랄 것이에요.”

독수리는 말을 이어갔다.

“이렇게 설명하면 더 이해하기 쉽겠네요. 우리 몸의 수분은 생명을 이루기 위해 꼭 있어야 하나 수분이 있으므로 해로운 세균이 성장하여 질병을 만드는 원인이 되어요. 병원성세균에 의한 질병은 그 분이 원해서가 아니에요. 우리가 해야 할 일은 몸의 상태를 균형 있게 유지하는 것이에요."

"인간은 자유의지를 가지고 취사선택을 할 수 있다는 말이지? 단 것을 과다하게 섭취하면 췌장에 부담을 주고, 술을 많이 마시면 간에, 짠 것을 지나치게 먹으면 위에 자극을 주듯이, 뜨거운 것에 피부가 화상을 입고, 지나치게 찬 것에 동상에 걸려. 그래서 선택을 잘해서 고통스러운 상황에 처하지 않게 해야 된다는 말이지? "

"그렇지요. 단 것, 짠 것, 차가움, 뜨거움은 그냥 달고 짜고 뜨겁고 차가울 뿐이에요. 통증은 존재의 보존에 기여하여 고통이 발생할 때 통증은 이 감각으로부터 벗어나려 함으로써 자기보존을 하게해요. 각종 공해물질은 암을 유발하고 인간에게 고통을 주어요. 꼭 그런 것은 아니지만 이는 인간행동의 결과인 경우가 많아요."

독수리가 말했다.

"세상의 부조리는 그분의 의도한 것이 아녜요. 그분은 우리가 다치는 것을 원치 않아요, 전쟁에 의해 많은 인명이 살상당하는 비극이 발생하지만 많은 사람은 전쟁이 왜 일어났는지 조차 모를 수 있어요. 상충부에서 결정을 내리는 사람들이 이웃을 존중하는 마음이 있다면 이런 일은 없을 거예요."

“내가 만난 사람가운데 12형제 중 절반이 청각장애자이었는데 어찌 된 일일까? ”

“아까 말한 그분이 설정한 프로그램에는 인간의 희로애락에 관여하는 변화무쌍한 가능성을 만들어내어요. 그래서 어떤 위치에 있으면 좋은 일이 생기고 마찬가지로 나쁜 일도 이런 식으로 일어난다고 생각되어요.

주어진 조건에서 어떤 계기가 마련되면, 선으로 또는 악으로 인식되는 일이 발생하게 되어요. 따라서 인간이 어떤 것을 얻거나 잃는 것은 전체 구도에서 발생하지요. 유리한 국면에 처해 있을 때는 좋은 일이 계속 생기고 마찬가지로 나쁜 일이 뒤따르는 경우도 이 때문이지요. 인간은 이러한 것을 운명이라 하지만 그런 운명이 되도록 선택을 하는 성향이 그에게 존재해요.”

그러고 보니 내게 일어났던 일도 그런 식으로 설명할 수 있을 것 같았다.

“목욕탕에서 미끄러져 손가락이 부러지는 일이 있었어. 생명력이란 대단한 것이어서 단지 기브스 처리만으로 몇 주 후에 원상회복이 되더군. 이 일과 관련해서 우연이라고 보기 어려운 사건들이 맞물려 있었어. 손가락 부상을 입기 며칠 전에 자동차 문과 차체를 연결하는 부위가 끊어지는 일이 발생했어. 정비사 말에 의하면 그런 일은 잘 발생하지 않는다는 것이야. 그리고 부상당한 며칠 후 당시 맡고 있던 책임 있는 자리에서 본의 아니게 벗어나게 되었어. 그로 인해 시간여유가 생겨 독자들에게 매우 호응이 좋았던 책을 쓸 수 있었어.”

나는 운이 좋았다고 생각되었던 일을 말해주었다.

"1999년 4월 이집트 카이로에서 12층 건물 호텔 8층에 투숙했을 때였어, 저녁 초대를 받아 외출했다 돌아오니 호텔 앞에 소방차가 몇 대 보였고 경찰들이 왔다 갔다 하는 거야. 어수선한 분위기였는데 내가 없던 사이에 바로 8층에서 화재가 발생했었어. 방에 들어가 보니 양탄자를 비롯한 가연성 물질이 불에 탈 때 생기는 가스 냄새가 가득했고 내 옷과 가방에는 그을음이 수북했어. 만일 방에서 쉬고 있었더라면 무사하지 못했을 거야.

또 한 번은 1989년 7월 미국 오레곤주 포트란드시를 방문했을 때야. 식당에서 저녁식사를 하고 나오니 멀리서 사람들이 잔뜩 모여 있고 경찰들이 손짓을 하고 있었어. 영문을 모른 채 그냥 걸어 나왔지. 나중에 알고 보니 앞 건물에서 행인을 향해 무차별적으로 총을 쏘아대는 저격수 때문에 소동이 벌어진 것이었어. 비명횡사할 뻔한 순간이었지."

"이 역시 삶의 전체적인 틀 속에서 좋은 상황에 처해있으면 악운을 그렇게 피해갈 거예요. 어느 정도 까지는 노력에 의해 험난한 길을 헤쳐 나갈 수 있지 않을 까요? 합리적 판단, 지나치지도 모자라지도 않게 중용을 취하는 자세, 겸손함과 친절함, 자신을 수시로 돌아보고 부족함을 바로잡아가는 노력, 신중한 일처리는 우리가 악운에서 벗어나는데 도움을 주어요.

그러나 아무리 최선을 다하려 해도 못 미치는 부분이 있을 수 있어요. 부서지기 쉬운 육체와 정신을 둘러싸고 있는 그 많은 위험요인들을 보세요. 몸속에서도 자신도 어찌할 수 없는 비정상적 상황이나 돌연변이가 언제나 일어날 수 있어요."

내가 말했다.

"마치 어떤 조직이 쇠망기에 있을 때는 구성원이 어떤 일을 해도 잘 풀리지 않을 수 있고 반대로 흥하는 국면에 있을 때는 같이 잘 되어가듯이 전체 프로그램에서 그런 위치에 처해있으면 어쩔 수 없이 그렇게 흘러간다는 말이지? 크게 볼 때 그렇다 하더라도 인간이 할 수 있다는 확실한 믿음을 가지고 최선을 다할 때 이러한 운명도 비켜가는 경우가 있는 것을 우리 주위에서 볼 수 있어."

독수리가 말했다.

"신비스러운 일이에요."

"아까 세상일이 돌아가게 하는 전체적 틀인 프로그램이라는 말을 했지. 인간내부에도 이런 프로그램이 작동 되고 있어. 너도 알겠지만 인간은 생명공학기술을 이용하여 이를 제어할 수 있는 시도를 행하고 있어. 수명을 200세까지 늘리고 지덕체를 갖춘 인간형을 만들어 낼 수 있을까? "

독수리는 분명한 어조로 말했다.

"생명체의 모든 정보가 들어있는 유전자를 구성하는 물질을 파악하고 그 구조를 알아내어 이를 조작하면 생명체의 특성을 변화시킬 수 있다고 생각한다는 말이지요? 일부 그럴 수 있을 것이에요. 그러나 인간이 파악한 기본적 구성

물질은 다시 수없이 많은 부분으로 세분되어요. 무수히 많을 뿐 아니라 그 과정에 참여하는 그 많은 요인들과 이들의 상호작용, 외적으로 변화를 주는 요인들을 인간이 모두 파악할 수 없어요."

내가 말했다.

"동양철학인 주역에서 세상의 작동원리를 파악하려는 시도에서 수많은 선들의 조합을 사용하고 있어. 이 과정에서 어떤 기본적 분류는 가능할 수 있으나 선들의 조합인 특정한 궤는 어떤 상황이 발생하는 개연성을 보여줄 뿐 정확한 파악은 불가능하지. 어떤 개연성에 의해 미래에 어떤 일이 일어날 것이라는 예측은 빗나갈 수 있어."

독수리가 말했다.

"그래요. 인간이 컴퓨터의 논리적으로 생각하는 기능을 이용하여 파악한 불길한 미래 예측이 맞는다 해도 그 결과가 오히려 득이 될 수도 있어요. 쓸모 없음이 오히려 득이 될 수 있고 일견 손해를 주는 것 같이 보이는 일이 오히려 결과적으로 이득을 초래할 수 있어요."

"네가 말한 컴퓨터의 생각하는 기능을 알고리즘이라고 하지."

"아, 그렇군요. 알고리즘은 독감환자가 있는 곳을 알려주어 그곳에 가지 않으면 오염을 피할 수 있다고 알려줄 수 있겠지만 그러나 독감바이러스에 감염됨으로써 이것이 면역력을 키워주어 크게 보면 이로울 수 있어요. 이 때 알고리즘은 건강에 해를 끼친다고 알려줌으로써 생명현상에 유리한 방향으로 이끈다는 것이 오히려 다른 역작용을 초래할 수 있어요."

"네 말이 맞아. 인간은 실리를 추구하나 손해라고 생각되는 일에서 오히려 실리가 얻어질 수 있어. 배우자의 형틀, 자식의 족쇄라는 말대로 결혼은 인간에게 많은 것을 포기하게 하므로 알고리즘은 행복하려면 결혼하지 말라고 할지 모르나 하나의 배우자가 제공하는 변치 않는 사랑은 결혼에 의해 가능해. 자식 역시 무자식 상팔자라는 말은 많은 점에서 사실이나 자식이 행복에 기여 할 수 있어."

독수리는 말했다.

"인간의 마음은 자애롭다가도 사소한 영향에 의해 잔인해질 수 있고 사랑의 감정은 순간적으로 증오로 바뀔 수 있어요. 사랑하는 마음과 증오심은 같은 뿌리에서 나오지 않나요? 사랑하기 때문에 같이 있고 싶어 하고 소유하려고 해요. 이것이 좌절되면 미움으로 바뀌지요. 이런 미묘한 마음의 변화를 기기를 사용하여 측정해서 그가 같이 기뻐하는지 파악하여 그가 기쁨을 같이 할 수 있는 사람인지 어떻게 파악하겠어요?

인간의 마음은 하루 12번 변한다고 해요. 건강한 상태의 마음, 상처받은 마음, 평온한 마음, 고요한 마음, 제어된 마음, 무절제한 마음, 자비로운 마음, 화난 마음, 깨끗한 마음, 혼탁한 마음, 혼란스러운 마음, 안정된 마음으로 수시로 변하게 되어요. 이로부터 백일몽 같은 생각에서부터 참다운 생각에 이르기 까지 하루에도 5만 가지 생각을 할 수 있어요. 이런 인간의 마음과 생각은 생명공학 기술로 제어할 수 없어요. 파란 눈, 금발의 머리는 만들 수 있겠지만 인간영혼의 깊은 곳에서 그에게 영향을 끼치는 수많은 요인들을 알아낼 수 없어요."

"그렇지."

나는 독수리의 논리에 동조했다. 웃음 뒤에 감춘 책략의 칼을 알고리즘이 파악할 수 없다. 세련된 매너에 감춰진 권모술수를 기계가 어찌 알 수 있겠는가?

독수리가 말했다.

"인간은 날아갈 수 없고 물속에서 숨 쉴 수 없어요. 제 아무리 노력한다 해도 백 미터를 1초에 달릴 수 없듯이 인간의 한계라는 것이 있어요. 인간은 모든 유전정보를 파헤친다 해도 이것이 연결되어서 상호작용하여 작동하는 모든 것을 알 수 없어요. 일부 밝혀낸 것 가지고 무엇인가 시도할 때 재앙이 올 수 있어요."

독수리는 확신에 찬 어조로 계속해서 말을 이어갔다.

"과학 기술이 발달하듯이 인간의 심성은 전세대의 과오를 거울삼아, 잘된 것을 기반으로 더 나아지지 않는 듯해요. 인성을 좋게 하려는 노력은 부족한 것이지요."

"그것이 바로 한국교육의 문제점이야."

독수리가 말했다.

"신의, 성실, 절제, 예의, 친절 등의 덕목을 양성하여 하나의 사람으로 완성시키는 노력이 필요해요, 청소년들이 하루를 보내는 학교에서는 이 문제에 대해 손을 놓고 있어요. 조선시대의 교육은 완성된 인간형을 만드는 것이었으나 현대인의 관심은 다양해졌어요. 그 많은 관심사 중에서 한가지 분야만 평생을 몰두한다 해도 제대로 파악할 수 없으므로 많은 경우에 그의 관심은 전인이 아니라 그 극히 작은 일부에 불과해요."

두 시간은 대화를 나눈 듯 했다. 르완다에서 전국적으로 매달 첫 주 토요일에 주민들이 참여하는 전국적 마을 가꾸기 사업인 "우무간다"를 한다. 앞집 농부가 점심때가 되어 집으로 돌아오고 있었다. 독수리 말대로 자연과학에서는 법칙에 의거하여 발생하는 많은 현상을 밝혀냈으나 인간의 마음이 선하지기 위해 발견한 것은 미미하다. 인간의 마음에 대한 연구가 어려운 이유는 무엇일까?

독수리가 말했다.

"희로애락 애오욕의 기본감정에서 외부영향이 작용하고 상대방의 감정에 따라 반응하는 등 무수히 많은 작용요인이 있기는 해요. 또한 드러나지 않고 내재되어있던 감정이 환경, 상황변화, 이해득실, 빛과 그림자 같은 요인에 의해 활성화되고 저해된다 해서 파악이 불가능한 것은 아니에요. 다만, 인간의 관심사가 물질적인 것에 치우쳐 있었던 것이지요."

내가 말했다.

"물질과 마음 사이에는 차이가 있어. 노력하면 그에 따라 좋은 결과가

나오게 되지. 기량을 연마하면 더 좋은 기량을 터득하게 되고 기존의

부족함을 보완해 더 나은 제품을 만들 수 있지. 특정한 기능이 연습과정을 거치며 발전해 가듯이 기술 역시 단계적으로 향상되지 않아?
그러나 마음의 경우는 달라. 교만, 탐욕, 무절제, 분노, 공포, 허영 등 드러나지 않고 내재되어 잠재상태에 있던 성향이, 조건이 이루어지면 밖으로 표현돼. 인간이 삶을 영위하기위해 해 나가는 많은 활동들은 고도의 섬세함, 정확함이 요구되고 이렇게 양성된 마음은 쉽게 상처받게 되고 서로에게 상처를 주는 성향이 있어. 또한 인간의 욕망 역시 진화, 증폭되어 탐욕으로 발전하며 이는 더 큰 새로운 욕망으로 확대될 수 있어. 분노와 좌절에 사로잡힌 마음을 제어 하여 어느 경지에 이르렀다고 여겨지는 순간 다시 원래 위치로 되돌아가게 될 수 있어. 또한 겸손함과 친절, 정직은 미덕이지만 실생활에서 손해 볼 때도 있지."

독수리가 말했다.

"인간이 금을 찾아 신대륙을 찾아 나섰던 열정같이 인성을 좋게 하는데도 그만한 노력이 필요해요. 인간이 금을 만들기 위해 노력했듯이 그런 열정이 필요해요."

독수리 말에 2012년 12월 독일에 있는 입자연구소를 방문했던 때가 생각났다. 지구크기의 물질을 테니스 공 만큼 작게 만드는 비율로 제조한 극히 미세한 물질에 초콜릿 한쪽만큼 무게의 백만분의 일인 상상을 초월하는 미세한 힘을 가했을 때, 물질에 일어나는 변화를 파악해서 제약, 식품, 안료 등에 이용하려는 연구이었다. 이를 위해 10개 분야의 전문가집단이 협력하고 있었다. 이런 종합적이고 집중적인 노력이 인간의 마음을 고양시키는 데에도 있어야 한다는 생각을 했다.

3장

고릴라와 인간의 삶

르완다, 우간다, 콩고 세 나라의 경계를 이루고 있는 루헹게리 산맥에는 세계에서 고릴라가 가장 잘 보호된 고릴라보호지역들이 있다. 내가 근무하는 대학 캠퍼스 뒤에 있는 원시림은 그 중의 하나로서 고릴라 들이 살고 있다.

고릴라를 만나러 가는 일은 마음을 설레게 했다. 발걸음을 내디딜 때 마다 처음 보는 것처럼 새롭게 보이는 울창한 원시림의 모습, 한가로이 뛰노는 영양들을 비롯한 산짐승들, 이름 모를 새들의 지저귐. 꽃들의 향기, 세계에서 드문 신선한 공기 속에서, 원시림을 헤치며 두 시간 정도 올라가면 고릴라 냄새가 나기 시작한다. 체중 약 400킬로그램의 큰 몸집에, 비가 내릴 때를 제외하면 몸을 씻지 않으므로 그 체취는 쌓여서 멀리에서도 맡을 수 있었다. 가장 고릴라, 어미 고릴라 세 마리, 새끼 네 마리가 한 가족으로 이들은 가족단위로 생활한다.

리더는 타고 나는가, 아니면 후천적으로 만들어지는가? 라는 질문을 많이 한다. 고릴라의 경우, 선천적으로 등에 흰 줄무늬가 있는 고릴라가 무리의 리더이다. 가장 고릴라는 새끼 고릴라들과 휴식을 취하고 있는 중이었다. 어미 고릴라들은 낮잠을 자고 있고 가장 고릴라는 우리 쪽을 향해 앉아있었다. 새끼들은 자신들 키의 몇 배나 되는 가장 고릴라 머리위로 뛰어올라가 앉기도 하며 천방지축으로 뛰놀고 있다. 가장 고릴라는 방문객들이 있는 동안 미동도 하지 않고 방문자들을 주시하고 있었다.

고릴라를 만나러 가려면 고릴라 언어를 몇 가지 알아 두는 것이 좋다.

고릴라는 화가 날 때는 짧고 높은 소리를 낸다. 만일 일어서서 양손 주먹으로 자신의 가슴을 몇차례 친다면 상대를 공격할 준비 태세이다. 나는 고릴라들이 편안함을 느낄 때 사용하는 언어인 낮은 기침소리를 내며 이들 안심시키며 관찰했다.

아프리카에서 많은 동물들의 눈을 보았다. 기린의 선량하면서 졸린 듯한 눈, 사자무리 속에서도 두려움 없는 하이에나의 눈, 황금원숭이의 장난기 어린 눈. 개의 충성스러운 눈, 뱀의 교활한 눈 영양의 천진한 눈 등, 그러나 고릴라처럼 상념에 찬 눈을 동물에게서 본적 없다. 그는 될 수 있는 한 방문자와 눈을 마주치지 않으려 했다. 그에게 물어보았다.

“왜 인간을 똑바로 보지 않고 외면하지? ”

“인간들의 삶에 따르는 짐들이 너무 무겁게 보여서 안쓰럽다는 생각이 들어요. 인간들의 생존, 발전, 승화의 욕구가 문제예요.”

나는 좀 더 쉬운 말로 설명해 달라고 부탁 했다.

“인간은 존재를 위해 노력하는 생존, 발전, 승화의 세 가지 욕구 중에서 생존의 욕구가 가장 강렬해요. 따라서 최고의 선은 생존하는 것이므로 죽음을 가장 두려워해요. 죽음을 두려워하기는 우리 동물도 마찬가지이기는 해요. 그러나 인간의 경우 생각하는 능력이 발달해 있으므로 더 절실하겠지요.

생존을 위태롭게 하는 많은 요인들이 인간을 불안하게 해요. 그래서 불안 속에서 존재해요. 위태롭게 할 가능성이 있는 것 역시 인간을 불안하게 만들어 현재뿐 아니라 다가올 미래 역시 인간을 불안하게 해요. 이는 그의 내부에 고착화되어, 그의 가장 깊은 곳에 도사리고 있어요. 시한부인생을 선고받은 사람이 낮에는 이런저런 일을 하며 시간을 보내면서 곧 죽어야 한다는 사실을 잊어버리고 있다가 새벽에 문득 잠에서 깨어났을 때 가장 먼저 머리에 떠오르는 것은 그가 곧 죽어야 한다는 사실이에요."

고릴라는 이어서 인간의 발전 욕구에 대해서 말했다.

"인간은 발전, 즉 보다 나은 존재가 되기 위해 노력하고 있어요. 그 과정에서 보다 나은 생활을 위해 도구를 발명해 냈어요, 인간이 안락한 생활을 위해서 또는 어떤 특정한 목적을 위해 만들어 낸 각종 도구들의 성능은 개선되고 원료는 순도를 더해가고 여기에서 더 나은 제품이 만들어지고 있어요. 흙에서 화약을 만들고 이어서 대포가 발명되고, 이는 필연적으로 총의 발명으로 이어지고. 광학기술이 접목되어 멀리 있는 목표물도 정확히 조준할 수 있게 되었어요. 보다 성능 좋은 화약이 개발되어 총은 더 큰 파괴력을 가지게 되었지요."

내가 말했다.

"인간은 보다 편안한 생활을 하고 잘살기 위해 많은 것을 만들어 냈지. 인간이나 동물의 일을 기계가 하게 되고 내연기관이라는 것이 발명되며 연료를 넣어 주면 기계가 스스로 움직일 수 있게 되었지. 육지에서 기계를 움직이던 추진력의 방향을 위로 향하게 하여 비행기까지 만들었어."

고릴라가 말했다.

"구리와 철을 이용하다가 신소재를 이용하여 가볍게, 빠르고 멀리 갈 수 있는 선박들이 바다를 누비며 다니고 있어요. 관련지식의 축적으로 앞으로 성능이 좋은 것으로 진화되어 보다 정교한 제품들이 나오리라고 예상되어요."

"네가 말한 그런 것들이 인간이 지난 5천년 동안 해왔던 일들이야."

고릴라가 말했다.

"이제 인간은 많은 것을 소유하나 그렇다고 더 행복해지지 않아요. 오히려 이들 물질은 부작용을 일으키고 있어요. 문제를 해결하는 과정에서 새로운 문제가 만들어지는 것이지요. 이들 물질을 있게 한 기술이 낳은 부산물이나 부작용은 인간이 감당하기 어려운 상태로 되어가고 있어요.

생물체는 생명활동의 결과 배설물을 만들어내듯이, 기술 활동 역시 이런 배출물을 생산해요. 자동차의 매연, 산업 활동에 의해 배출되는 가스, 원자력의 폐기물 부담, 플라스틱을 태워 버릴 때 나오는 유해물질이 대기를 오염시키고 있어요. 유전자를 조작하여 식품을 만들고 이로 인해 다양한 종은 획일화되고 있어요. 점차적으로 생태계의 건강한 상태가 깨지고 있어요. 보세요. 새로운 질병이 나타나고 있지 않아요? "

고릴라는 현대 과학기술문명에 대해 깊이 우려하였다.

"인간은 노력하나 결과는 다양한 형태로 나타나는 문제들로 삶에 부담을 주지요. 목소리, 영상, 그림, 문자를 압축된 형태로 멀리 보낼 수 있다 해서 근본적으로 무엇이 나아지나요? 컴퓨터를 이용하여 더 많은 자료를 만들고 이들을 이동시키고 세계도서관 자료를 내 서재에서 검색하면 더 효율적일 수 있으나 이렇게 할 수 있다 해서 행복해 지나요?

인간은 생존을 위해 애쓰고, 더 나은 발전을 추구하고 있어요. 생존을 위해 돈이 필요하고, 더 잘 존재하기 위해 더 많은 돈이 필요하게 되어요. 인간은 부귀영화를 추구하나 원하는 것을 얻었다 해서 뾰족한 수가 있는 것은 아니에요. 돈이 많을수록 걱정거리 역시 증가하고 지위가 높아지면 그에 수반되는 짐 역시 증가해요. 많이 가지게 되면 가진 것은 돈이든, 명성이든 가치 없게 느껴질 수 있고 얻은 것은 상실에의 공포를 수반하지요."

내가 말했다.

"인간들이 받는 스트레스가 증가하고 있는 것은 현대문명사회 특징의 하나야."

"인간이 지닌 발전의 욕구는 아집, 독선, 탐욕으로 발전하여 필연적으로 타인과 분쟁을 일으키므로 삶에는 항상 긴장이 따르게 되어요. 아까 나에게 왜 인간을 똑바로 보지 않고 외면하느냐고 물었지요? 서로 다투고 미워하는 모습들,

절망, 한숨, 상처 입은 자존감, 무거운 삶의 짐을 지고 괴로워하는 모습들 때문이에요."

고릴라가 물었다.

"고대 이집트 왕들이 영원히 죽지 않으려는 시도에서 피라미드를 지었던 사실을 아시지요? "

고릴라는 인간의 승화욕구에 대해 설명했다.

"생존, 더 나은 형태의 존재에서 인간은 더 나아가 영원히 존재하기 위해 오늘의 피라미드를 짓고 있어요. 이름을 남기려는 노력, 자식을 통해 영원히 존재하려 해요. 물론 동물 역시 이러한 욕구가 있기는 해요. 더 나은 존재를 위해 맹수들과 같이 먹이사슬의 가장 꼭대기에서 살아남기 위해 자신이 터득한 생존의 노하우를 후계자에게 가르치는 것을 늑대를 비롯한 다른 동물에게서 볼 수 있어요.

사자 무리는 어린 수사자를 내쫓고 쫓겨난 어린 사자는 떠돌이 사자로 성장하여 더 나은 종족번식을 위해 다른 사자무리에 가서 늙은 수컷을 내쫓고 종족의 유전자를 보다 나은 형태로 전승하지요. 인간의 경우는 이런 노력에 종족을 넘어서 이기심이 작용하고 있어요.

자녀가 없는 경우라 해도 자식을 낳는다면 그에게 내재되어있는 이 힘에 의해 어쩔 수 없이 움직이게 될 것이에요. 이 과정은 고생길이에요. 이 가운데서

생존을 위한 노력 한가지만으로도 힘든데 여기에 발전, 승화의 욕구가 가중되어 인간은 삼중의 어려움 속에 처해있어요."

내가 말했다.

"세상지식은 시간이 지남에 따라 낡은 것이 되고 각종 이론과 학설은 새로운 것으로 대체되고 있어. 이곳에서는 해당되나 장소를 이동하면 통용되지 않는 경우도 흔하지. 네가 지금 말한 것은 시간과 공간을 초월해서 변하지 않는 진리라고 생각되어."

나는 기대감을 가지고 그에게 물었다.

"그런 욕구를 제어하는 것이 가능할까? 그 욕구에서 비롯되는 공포, 탐욕, 분노, 허영에 사로잡힌 마음을 통제하여 모든 번뇌에서 벗어나서 평화로운 마음의 상태에 도달할 수 있을까? 그래서 평온함, 충족감, 욕망에서 벗어난 모습, 어떤 것에도 얽매임 없는 상태에 도달할 수 있을까? "

고릴라는 잠시 생각에 잠겨 있다가 대답했다.

"이론적으로 가능하나 인간은 집착할 수밖에 없어요. 예를 들어 자식이 있는 이상, 자식에 집착하게 되지요. 이런 집착이 없다면 세상 자체가 존속 할 수 없을 것이에요.

욕심은 존재와 발전을 위한 성장 동력이에요. 모든 것이 이 법칙에 의해 움직이고 있어요. 문제는 개인의 욕심이 조직 속에서 커가고, 사회의 욕심으로 더 크게 증폭된다는 것이에요. 현대사회를 유지하기위해 정신이 과부하 되고 이윤 극대화, 고품질생산을 위한 쥐어짜기 노력 같은 형태로 나타나지요.

이런 과정에서 인간의 노력으로 어느 정도 벗어날 수 있겠지만 근본적으로 벗어날 수 없어요. 평온상태에 도달했다 하더라도 새 욕망이 그를 얽매게 되어요. 스스로 이런 집착에서 벗어나는 사람이 소수라 하더라도 있을지 몰라요. 이것이 그 자신만의 노력으로 가능할지 아니면 영계와의 교감에 의한 것인지는 모르겠어요."

고릴라는 잠시 이마에 손을 대고 생각하다가 말을 이어갔다.

"종교가 있다 해도 확고한 믿음이 없으므로 별다른 차이는 없어요. 인간은 모든 것을 알려고 시도했으나 그가 알고 있는 것은 여전히 단편적 지식일 뿐이에요, 사상을 세우고, 제도를 만들었으나 여전히 불완전해요, 그렇다면 언젠가 완전한 것이 나올 수 있을까요? 인간자신이 불완전 하므로 불가능할 것이에요. 그는 일시적 즐거움은 얻을 수 있으나 기쁨과 환희로 가득한 세상은 이룰 수 없어요. 일시적 희망은 있으나 영원한 희망을 갖는다는 것은 어려워요."

"네가 말한 대로 인간의 삶이 고통에서 벗어나기 어렵다면 이를 받아들인다면 더 이상 고통이 아니지 않을까? 삶이 이렇다는 것을 간파하면 슬퍼할 이유가 없어. 기대감이 있을 때 실망이 있어. 우리를 어렵게 하는 다양한 요인들 가운데 살아간다는 부정성, 잠시 이 세상에 머물렀다 떠난다는 유한성, 우리 능력에는 한계가 있다는 제한성을 모두 받아들이고 표범이 말했던 주위를 향기롭게 하는 들의 꽃 같이 살아가며 언제인가 표범과 인간이 친구처럼 지내는 날, 기쁨이 가득한 세상을 바라보며 살아가는 과정이 삶이라고 생각돼."

고릴라가 대답했다.

"그래요. 세상에는 고통가운데 기쁨도 있어요. 절망스러운 일이 있지만

할 수 있다는 희망도 있어요. 희망이 있는 한 인간은 살 수 있어요. 극복해 갈 수 있어요. 희망은 목적의식을 주고 방법을 찾는 노력을 하게해요. 이렇게

노력하는 과정에서 부지런함, 극기심, 성실성, 윤리의식 같은 미덕이 나오게 되어요. 기쁘고 보람을 느꼈던 일, 고통스러웠던 일은 삶을 다채롭게 만들어요."

고릴라가 말했다.

"선생님이 무하브라호텔 정례회의에서 지역발전을 위해 고릴라축제를 제안하셨지요. 시당국이 그 제안을 채택한다면 그로 인해 관광객들이 몰려들고 이 산에 골프장, 호텔들이 들어서겠지요. 계곡의 물은 폐수로 오염되고 농약으로 이 산이 병들게 될 것이 눈에 보여요.

관광객들은 우리에게 질병을 옮기게 되고 이 질병은 자신들끼리 교차오염되고 다시 더 강력한 형태로 되어 인간세상으로 나가서 더 심각한 새로운 형태의 질병을 일으킬 가능성이 있어요. 아프리카의 말라리아, 에볼라, 에이즈, 광견병 모두 동물에서 인간으로 옮겨간 것 들이예요. 우리를 상품화시키지 말아주세요. 고릴라보호운동가 다이안 포시가 투숙하며 고릴라 보호운동을 벌였던 그 호텔에서 선생님은 고릴라를 다시 상품화시키려는 생각을 하다니 아이러니가 아닐 수 없어요.

그 회의에서 선생님이 제안했던 토양산성화 방지방안, 자생식물조사, 강우량이 풍부한 르완다에 소형 댐을 많이 만들어 수자원을 확보하는 등 여러 정책들은 대체로 괜찮아요. 그러나 고릴라 축제는 문제가 많아요."

고릴라는 우려 섞인 어조로 말했다.

“인간들은 우리를 자기네와 같은 영장류에 분류하고 있어요. 사실 우리와 인간들의 유전자는 큰 차이가 없어요. 우리도 조금 노력하면 인간같이 될 수 있어요. 하지만 우리는 이 상태로 있고 싶어요. 우리는 화목하게 서로 사랑하며 살아가고 있어요.”

고릴라는 내가 이 마을에서 하고 있는 일에 큰 관심을 가지고 있었던 듯 했다.

“선생님이 주민들 집에 만들어 주신 화덕은 참 잘한 것 이예요. 이 곳 부녀자들은 하루 적어도 2시간은 땔감을 모으러 다니고 있어요. 화덕이 있으면 조리 할 때 불을 한곳으로 모아서 효율적으로 사용하게 되어요. 땔감을 절약하여 숲을 보호 하고 노동력을 절약할 수 있어요.”

“그렇지 않아도 화덕을 만들어 준 집들에서 여인 몇 명이 카사바로 만든 떡을 만들어 가지고 찾아와서 고맙다고 했어.

“더 만드실 계획이세요? ”

“내가 떠나기 전까지 20개 정도는 만들려고 해. 내가 떠난 뒤에라도 그것이 전체 마을로 퍼져 나가기를 바라고 있어.”

“고마워요. 학생들에게 이 운동을 통해 마을을 변화시키고 르완다를 변화시킬 수 있다고 격려한 것을 들었어요. 할 수 있다는 자신감, 더 나아지려는 의지가 학생들에게 필요해요. 현재를 개선시키려는 자극이 필요해요.”

4장

요정과 사후세계

어느 날 밤이었다. 4월부터 시작되는 3개월간의 대우기여서 많은 비가 내렸다. 폭우 속에 번개치고, 다시 뇌성으로 이어지고 다시 번개가 치는 밤이었다. 이곳은 세계에서 세 번째로 높은 해발 2800미터에 위치한 고지대로 세계에서 두 번째로 번개가 많이 치는 곳이다. 한 시간에 백 번 정도 번개가 친 것 같았다. 섬광이 번쩍이며 밤하늘을 밝히는 순간에 보였다가 사라지는 풍경을 바라보며 거실 소파에 앉아서 쉬고 있을 때이었다.

문고리가 흔들거리는 듯했다. 바람이려니 했는데 거실 안이 환해지며 희미한 모습이 나타났다. 번개 친 뒤 잠시 보였던 것의 잔상이려니 했다. 자세히 보니 카리심비산에서 본 요정이 나타났다. 해발 4,300미터의 카리심비 산 정상에는 흰 눈이 항상 덮여있다. 울창하게 뻗어있는 오래된 나무들, 생명력이 충만한 기화요초들의 향기 속에서 요정을 만났던 기억이 마치 조금 전의 일처럼 뚜렷이 떠올랐다.

"카리심비산에는 어쩐 일이세요? 이곳은 맹수들이 우글거려서 위험해요."

요정의 말에 나는 대답했다.

"그렇기는 하겠지만 이 산의 영적인 분위기를 느낄까 해서 왔어."

요정은 청아한 목소리로 말했다.

"이 산은 이 곳 주민의 정신적 지주였어요. 유럽인들이 오기 전 까지. 이 산에 그들의 신이 살고 있다고 믿었지요. 비를 내리고 천둥번개를 치게

하며 길흉화복을 주관하고 권선징악을 행한다고 믿었던 신이었어요. 선한 자는 죽어 이 곳에 영혼이 있게 되고 악인의 영혼은 저 건너편 활화산에 묻힌다고 생각했어요,"

그때 만났던 요정이었다. 거실에 서 있는 요정의 모습은 마치 등불이 점멸하듯이 사라졌다가 다시 나타났다 반복하다가 점차 뚜렷한 형태로 고정되었다. 머리에는 카리심비산 앞에 있는 들에서 많이 자생하는 식물인 피렌트룸이라는 식물줄기로 된 관을 쓰고 있었다. 아마도 손수 가지를 꺾어 만든 것인 듯했다. 피렌트룸은 정화작용을 하는 천연의 물질을 함유하고 있는 식물로서 이 부근에서 많이 볼 수 있었다. 요정은 하늘하늘한 긴 옷을 입고 있었고 허리에는 빨간색 띠를 매었다, 주위의 후광이 더욱 신비로운 분위기를 만들었다.

요정은 그 자리에 서서 거실 안을 둘러보며 말했다.

"밤늦게 미안해요. 이런 산골에서 외롭지 않으세요? "

나는 반갑기도 하고 다소 놀랍기도 하여 서둘러 대답했다.

"여기 이 마을은 내가 가보았던 여러 곳 중에서 특이한 곳이야. 고산지대여서 공기가 맑고 물도 깨끗해, 인구는 약 1천5백 명 정도. 치안도 양호 해. 밤에는 섭씨 5도가지 내려갈 때도 있지만 그런대로 지낼 만해.

텃밭에 뿌린 씨앗이 태양빛을 받고 비를 맞으며 성장해 가는 모습을 보는 것은 큰 즐거움이야. 대지에는 흙냄새에서 나오는 신선한 생명의 향기가 가득하고 주위의 나무에서 나오는 자기보호물질은 내게도 전달되어 정신을 새롭게 해주고 있어. 낮에는 욕심 없이 살아가는 주민들을 보며 내 잠재의식 속에 쌓인 세속적 잔재를 제거하노라면 마음이 정화되는 것 같은 생각이 들어. 그동안 삶에 따르는 여러 가지 일들 때문에 이런 시간을 가질 수 없었어. 그동안 얼마나 자연과 멀어진 상태에서 생활했는가를 돌아보게 되지."

요정은 머리를 끄덕이며 말했다.

"사소한 일이라 생각되는 텃밭 가꾸는 일에서도 그런 지혜를 얻을 수 있어요, 무슨 일이든지 최선을 다한다면 시간이 경과함에 따라 지혜를 터득하게 되어요. 그것이 가사노동, 자녀양육이든, 운동경기이든. 사랑을 가지고 전념한다면 그렇게 되지요. 운동선수는 기량을 다지며 승부에 집착하지 않고 순간순간에 최선을 다하는 자세에서, 절제를 필요로 하는 맹훈련을 감내하는 과정에서 어떤 경지에 이르게 되어요.

가정주부는 가계를 꾸려가는 과정에서 절약하며 합리적으로 가계를 경영하고, 미래를 설계하며 오늘의 부족한 현실에서 최선을 다하며 가정이라는 사회에서 가정의 평화를 위해 절제, 인내, 겸양의 정신으로 살아간다면, 이 과정에서 타인을 용납하고 이해하는 정신이 양성되고 이런 과정에서 삶의 지혜를 얻고, 완숙한 인간으로 성장하게 되어요. 조리사는 여러 가지 식재료를 배합하여 조리하는 과정에서 인간의 서로 다른 미각에서 인간의 다양성, 식재료가 도착하기까지의 과정, 인간의 행복에 기여하는 음식의 역할, 세상, 자연, 인간에 대한 인식능력이 배양하게 되지요. 피리 부는 사람도 소리의 다양한 특성, 조화에 대해 생각하며 아름다운 소리가 나오기까지 노력하는 과정에서 세상의 질서와 조화로움을 깨닫게 되어요."

요정이 하는 말은 상당히 높은 영적 단계에서 할 수 있다는 느낌이 들게 했다.

"건강은 어떠세요? "

"일과 후 하루 5킬로미터 걷는 것을 습관화 했어. 배추, 무, 호박 등 유기농 채소를 재배하여 김치를 담그고 학교 목장에 있는 소에서 직접 짜낸 우유로 직접 발효유를 제조해서 먹고 있어.

고산지대에 적응하기 위해서인지 코피가 가끔 나는데 별 문제는 아닌 듯 해. 건강검진결과 혈액에 헤모글로빈 수치가 크게 높아졌어. 산소가 희박한 고산지대에서 산소를 많이 확보하기 위해 체내에서 만들어진 것이라고 생각하고 있어. 코피는 이것을 방출하기위한 과정인 듯 해. 별다른 문제는 없어.

주말이면 앞산에서 트래킹을 해. 이 곳에 갈 때면 마치 원시시대로 되돌아간 느낌이 들어. 인가, 전기, 수도 없이 문명세계의 사람들은 이들이 원시상태에 있다고 불행하다고 생각할지 모르지만 이들은 해가 뜨면 소와 양을 몰고 나가서 낮에 일하고 밤에 사랑하는 가족과 함께 모여서 즐거운 시간을 보내고 있어. 물질적으로 궁핍한 상태에 있지만 마주 칠 때 인사하는 그들의 천진하고 밝은 표정을 보면 행복스러워 보여."

요정이 말했다.

"그들은 유럽인이 이 땅에 올 때가지 가난하다는 생각이 없이 행복하게 살고 있었어요. 인간은 행복하기 위해 노력하나 이들은 자연 상태에서 아무런 인위적인 노력 없이 행복한 상태에 있어요. 지금도 르완다는 세계에서 국민들이 행복하다고 생각하는 나라들 상위 그룹에 속해있어요."

우리는 잠시 생각에 잠겼다. 나는 침묵을 깨고 물었다.

"인간은 왜 백 년밖에 살지 못할까? "

요정의 말을 들으면서 불현듯 탄자니아에 있는 5천년된 나무가 생각났다. 왜 인생은 백 년을 못 사는가라는 생각이 들어서 물어보았다. 요정은 말했다.

"백 년은 삶의 의미를 깨닫기에 충분한 시간이에요.

인간은 태어나서 자립하기위한 양육과정을 거쳐서 스스로 삶을 영위할 수 있게 되어요, 일하고 자녀 양육하는 과정에서 삶의 의미를 깨닫기에 충분한 시간이에요. 그렇게 노력하며 살다가 죽음으로써 존재를 위해 애쓰도록 되어있는 프로그램에서 해방되는 것이에요."

"그렇다 해도 삶에의 집착은 대단해.

2007년 2월 인도 뭄바이에서의 일이었어. 시내에서 조금 떨어진 곳에 숙소를 정했었지. 외출할 때는 길을 기억하기 위해서 주변의 건물이나 간판들을 눈여겨보며 돌아올 때 어려움이 없게 했었어. 하루는 돌아오는 길에 숙소에서 얼마 떨어져 있지 않은 곳의 거주지역을 둘러보고 싶은 마음이 생겼어. 골목길을 들어가서 건너편으로 빠져나가면 숙소가 있을 터이니 별 문제 없으리라는 생각이었어. 막상 안으로 들어가 보니 상상을 초월하는 열악한 환경의 주거지역으로 비좁은 길 사이로 마치 벌집 같은 형태였어. 집과 집 사이는 칸막이 같은 것으로 구획 지었고 문도 없는 방안에는 앉아있거나 누어있는 사람들로 가득했어. 잘 못 발을 들여 놓으면 미로에서 헤메이듯 하다가 빠져 나오기 어렵게 되어 있었어. 문득'이곳에서 사람 하나 죽어도 모르겠다'는 생각이 들었어. 곧 이어서 '과연 여기서 살아나갈 수 있을까'라는 생각과 함께 등골이 서늘해지는 것을 느꼈어. 서둘러 오던 길을 되돌아서 겨우 빠져 나온 일이 있었어."

요정이 말했다.

"그 삶에 대한 집착 때문에 세상이 이렇게 존재하고 있어요. 그러나 삶에 대한 집착이 지나치게 강하면 죽는 과정을 어렵게 해요. 그래서 자신도 어렵고 돌보아주는 주위 사람도 힘들게 하지요. 매미에게서 배워야 해요. 한 여름 짧은 삶을 마감하고 그 정점에서 죽기 전에 매미는 그가 낼 수 있는 가장 아름다운 소리를 내어요. 이는 죽음이 임박해 왔음을 예고하는 것이지요. 아름다운 떠남이에요."

내가 말했다.

"아프리카에서 많은 헤어짐을 경험하고 있어. 임기 마치고 귀국하는 사람, 기술협력사업으로 왔다가 돌아가는 독일인, 미국으로 돌아가는 평화봉사단원, 한국으로 돌아가는 사람. 새로운 일을 찾아 남미 등지로 떠나는 사람들이 주위에 있었어. 재회 가능성이 있기에 웃으면서 작별을 할 수 있었어. 초상집을 방문했을 때 죽은 후 언제일지 모르나 다시 만날 수 있다는 느낌에 위로를 받았던 것과 같은 말이지."

요정이 말했다.

"시작이 있으면 끝이 있고 다시 시작이 있어요. 기쁨이 있으면 슬픔이 오고, 다시 기쁨이 오지요. 순간이 있으면 영원함이 있어요. 만나면 헤어지고 헤어지면 다시 만나게 되어요. 잠자고 깨어나고 다시 잠자고, 사랑하고 미워하고 미워하다가 다시 사랑하고 삶이 있으면 죽음이 있고 죽음은 다시 삶으로 이어지리라고 생각할 수 있어요."

내가 물었다.

"우기를 맞아 화사했던 개나리, 향기롭고 우아한 장미, 다소곳하고 풍성한 수국, 이름 모를 꽃들을 비롯해 세상을 아름답게 했던 꽃들이 지고 있어. 너도, 나도 우리 모두는 이렇게 떠나야 해. 헤어진 것은 다시 만나게 될까? "

요정은 잠시 생각한 뒤 말했다

"선생님의 세포재생능력은 쇠퇴해 가고 있어요. 얼굴에 주름이 늘어가고 머리 숱 역시 적어지며 인생의 비바람에 흰머리가 많이 생겼어요. 시력은 약화되었고 그 왕성했던 활동력도 많이 쇠퇴했어요. 젊은이들이 그 자리에서 활동하게 되는 것이지요. 젊을 때 같으면 버스를 타고 이웃나라 우간다를 몇 차례 다녀왔겠지요? 호기심 역시 줄어들었어요. 그러나 새 안목이 생겨나고 있어요.

시력은 약해지나 새로운 안목, 보지 못하던 것을 볼 수 있는 힘, 단편적 지식들을 종합하는 힘은 증가하고 있어요. 화를 쉽게 내는 대신 인내심과 관용이 생겨나고 있어요. 선생님은 새롭게 태어나고 있어요."

"우리 삶 역시 이 상태에서 다른 상태로 이전 된다면 현재가 영원과 통한다고 할 수 있지 않을까? "

요정은 이에 대해 말했다.

"실험실에서 모든 시료를 태워 재로 만드는 전기회화로를 볼 때 마다 언젠가는 선생님도 저곳에 들어가 재가 되겠지 하는 생각을 하고 끔찍하게 느끼셨던 적이 있지요? 그러나 전설 속 불사조가 잿더미에서 다시 소생하듯이, 우리도 화장터 잿더미에서 다시 소생한다는 믿음이 있다면 우리는 없어지지 않고 변화되어 갈 뿐이에요, 삶이 죽음으로 죽음에서 다시 다른 형태의 삶으로 이어진다고 생각할 수 있어요."

내가 말했다.

"너희 요정은 영적인 존재이므로 사후세계에 대해서 인간이 알 수 없는 것에 대해서 말해 줄 무엇이 있지 않아? "

요정이 말했다.

"죽은 뒤의 세계는 우리의 인식능력 밖에 있어요. 사후세계에 대해 모르는 것이 오히려 흥미 있어요."

"네 말을 듣고 보니 몇 가지 생각나는 일들이 있어.

1980년 2월 독일에서 공부를 마치고 귀국을 앞둔 상황에서 한국 대통령이 총에 맞아 죽는 사건이 발생했어. 18년 동안의 독재체제가 무너지는 시점이었으므로 극심한 혼란이 예상되었고 남북한사이에 전쟁이 일어나리라는 분석도 있었지. 전혀 예측 할 수 없는 상황에서 더 머무르며 사태의 추이를 보라고 주위에서 권고하며 일자리도 주선해 준다고 하였지. 무슨 일이 일어날지 모르는 채 귀국했으나 일은 순조롭게 진행되었어."

요정이 말했다.

"정년퇴임을 하시게 되었을 때 역시 앞날을 예측할 수 없었지요? "

"르완다에 오리라고는 전혀 생각하지 못했었지."

요정은 흥미롭다는 듯이 듣고 있었다.

"2012년 2월 33년간의 교수생활을 마치고 정년퇴직을 했어. 2-3년 전부터 정년에 대한 압박감이 있었지, 정년 후 어떤 생활이 나를 기다리고 있을지는 전혀 예측할 수 없었어. 여러 가지 계획을 세웠으나 전혀 생각지도 않은 방향으로 전개되어 2014년 12월 르완다로 오게 되었어, 카타르 도하에서 이륙하자마자 사막이 보이기 시작했어. 모래땅에 세워진 건물들이 보였고 에티오피아를 지나며 계속해서 나타나는 사막을 보며 마음이 무거웠었지. 우간다를 지나며 녹지가 보이기 시작했어. 빅토리아호수가 나타나면서 우간다 엔테베공항에 도착하여 풀과 나무들이 대지에 무성하게 자라난 것을 보면서부터 다소 안도감을 느꼈어. 항공기에서 본 르완다는 계단식 농지 아래로 나무들이 많이 자라고 있었고,

친절한 표정의 공항직원들을 보니 이곳에서 살 수 있겠구나 생각이 들었어. 전혀 생소한 곳이지만 지금은 아무런 문제없이 살아가고 있어."

요정이 말했다.

"죽음에서 벗어나 다시 깨어날 수 있다는 생각보다 마음의 평온함을 주는 것이 있을까요? 무엇인가 좋은 일이 있을 것 같은 느낌이 있다면 더욱 그럴 것이겠지요. 마치 연극의 한 막이 끝나고 다음 막이 시작될 때 앞에 보여졌던 내용이 다음의 진행상황을 예측할 수 있게 하듯이 인생의 막이 내려졌을 때 현세의 삶에서 다음 삶을 어느 정도 예측할 수 있을 거예요."

나는 평소에 이 문제와 관련해서 궁금했던 일들을 요정에게 물어보았다.

"전생을 기억한다고 주장하는 사례들이 있어.

어떤 사람은 만났거나 장소에 갔을 때 처음이지만 낯익게 느껴지는 경우가 있다고 해. 자신이 태어나기 오래전부터 이 세상에서 살아왔다는 느낌을 갖는다고도 말하는 사람도 있지. 한국공항에 처음 내렸을 때 고향에 온 듯한 포근함을 느꼈다는 외국인이 있는데 그는 자신이 전생에 한국인 이었다고 생각해.

미국여인이 최면상태에 들어갔을 때 배우지도 않은 독일어를 하는 경우가 있었어. 그녀는 전생에 독일인 목사의 딸 이었다는 것이야.

50리터들이 무게의 통을 들어 올리는 괴력을 소지한 5세 어린이가 있는데 그는 전생에 힘이 센 장사이었다는 말이 있어.

과거에 어느 고승이 사용하던 지팡이를 처음 본 어린이가 있는데 그는 이 지팡이가 태어나기 전에 자신이 사용했던 것이라고 기억하고 있어. 그 자신이 전생에 그 고승이었고 죽은 뒤 다시 환생한 것이라고 생각하고 있어.

어린 나이에 천재음악가의 자질을 보이는 경우 등, 이런 사례들을 보면서 전생이 있다는 주장이 있어."

요정이 대답했다.

"아까 말씀 드렸듯이 인간이 죽은 뒤 진행되는 과정은 비밀이에요. 부활을 한다 해도 죽은 뒤 곧 부활하게 되는지 어떤 과정을 거치는 지, 또한 우리가 태어날 때 어떤 과정을 거쳐서 태어났는지 우리는 알 수 없어요.

내가 태어난 것은 내 의지가 아니라는 말을 많이 하지요. 내 국적, 인종, 출생신분, 성별. 내가 가지고 태어난 능력 등 모든 것이 내 의지가 아니라는 말을 하지요. 그러나 몰라요. 내가 여러 가능성 중에서 선택했을 수도 있지 않아요? 이 상태에서 내게 주어진 것. 의무. 명문대가에서 태어나기도 하고 빈자의 집에서 태어나기도, 국적, 인종, 성별 모두 내가 선택할 수밖에 없는 상황에서, 이 상태를 받아들일 수밖에 없는 상황에서 결정된 것인 지 누가 알겠어요?

죽은 뒤 과정 역시 마찬가지예요. 그러나 우리는 이 모든 것을 다 알 필요가 없어요. 알아야 할 것은 고릴라가 말했던 수수께끼를 푸는 것 같은 우리 삶의 모습을 받아들이고 희망을 가지고 살아가는 것이에요. 우리는 볼 수 없지만 우리는 알 수 없지만 삶은 지속되고 선생님의 친구 표범이 말했듯이 현세의 충실한 생활에 상응하는 결과가 있을 것이라는 바람만이 가능해요. 사람에 따라서는 생각이 이 단계에서 머무르고 어떤 경우에는 이 생각이 확신이 되기도 해요."

5장

독초와 악의 세력

이곳에 살면서 각별한 즐거움을 주는 일이 있었다. 싱싱한 파인애플에서 즙을 낸 쥬스를 마시는 일, 신선한 아보카도 열매 맛보기, 학생들이 일과 후에 모여 노래하는 소리를 듣는 일. 원시림에 들어가 멀리서 나무들을 보고 있으면 탁 트인 시야로 눈의 피로가 다 날아가 버렸다. 하루일과 중 한 시간은 텃밭을 가꾸며 건강한 흙냄새를 맡았다. 배추, 상추, 깻잎, 부추를 심었고 장미를 재배했다. 땅이 비옥하고 비가 잘 오기에 장미는 빠르게 성장하여 가지 치는 일이 쉽지 않았으나 활짝 핀 자태를 보는 일, 특히 그 향기를 맡으면 복잡했던 머리를 상쾌하게 해 주었다.

장미를 가꾸는 동안 여기저기에서 자라는 독초들 때문에 고통을 당할 때가 많았다. 뽑아내려고 흙을 파 보니 뿌리는 몸통의 10배 정도로 길게 뿌리 깊게 박혀 강한 생명력이 있음을 보여주었다.

"너는 왜 생겨나서 사람에게 상처를 입히는지 모르겠어."

내가 불평을 하자 독초는 말했다.

"우리는 나름대로 존재의미가 있어요. 인간들이 악이라고 생각하는 것도 마찬가지에요. 저기 있는 케냐파리를 보세요. 옆집사람 얼굴에서 보듯이 그 파리의 독이 닿기만 했는데도 몇 달 동안 검은 흔적을 남겼어요. 그 독은 살모사 독의 열 배가 넘어요. 그 독은 우리를 외부로부터 보호하는 기능이 있고 유용하게 사용될 수도 있어요. 내 독의 일부는 인간에게 치명적일 수 있지만 불치병을

고칠 수도 있어요. 더욱이 뿌리는 매우 유용해요. 선생님이 매일 식사하는 주방에 콩고에서 온 여인이 있지요. 그녀는 내 뿌리를 활용해 조리하는 법을 알고 있어요. 한 번 부탁해 보세요."

내가 말했다.

"너희들은 이 세상에서 살아가는 다른 모든 생물들이 노력하며 살아가듯이 그들과 꼭 같은 열정을 가지고 살아가고 있다는 말이지? 지혜를 가지고 너희들의 일을 하고 있으며 세상에 악이라고 생각되는 세력이 판치는 이유는 우연이 아니라 피나는 노력의 결과라는 말이지?"

독초는 말했다.

"우리를 악이라고 부를지 모르나 아프리카에서 흔히 볼 수 있는 파상풍, 댕기열, 황열병, 간염. 광견병, 말라리아, 에이즈, 에볼라 등 이 모든 것이 모여서 생태계를 이루고 있어요. 그들을 미워하지 않을 수 없는 이유가 있다 해도 우리를 멀리하지 말고 포용하세요."

내가 물었다.

"너희들은 나름대로 세상에서 역할이 있다는 말이지?"

독초가 말했다.

"조금 전에 무지개가 떴었지요."

"아! 그렇게 아름답고 선명한 무지개를 바로 눈앞에서 본 것은 처음이야. 앞산은 여기서 보면 낮아 보이지면, 내가 사는 곳이 해발 2,800미터 이니까 해발 3,000미터는 될 꺼야. 그 산과 마을 사이에 드리워진 무지개는 정말 인상적이었어."

내 말에 독초는 말했다.

"비가 왔기에 아름다운 무지개를 볼 수 있었어요. 매일 햇볕비치는 날만 있다면 그것도 곧 싫증이 나겠지요. 마찬가지로 고통이 있으므로 기쁨은 커져요. 눈물을 흘렸기에 더 밝게 웃을 수 있어요. 살아가며 걸리는 질병을 포함한 많은 정신적, 육체적 고통들, 일상의 근심, 걱정들을 우리 삶의 일부로서 받아들이고 같이 살아가는 지혜가 필요해요. 우리들과도 마찬 가지예요."

"네 말이 맞아. 인간은 다양한 인간관계 속에서 사랑하고 미워하며 지지고 볶고 울고 웃으며 살게 되어 있어. 여기에서 벗어나려 한다면 다른 종류의 고통이 그를 기다리겠지."

독초가 물었다.

"선생님이 시장가시는 길에 가끔 만나는 피그미족 여인이 있지요? "

"잘 알고 있어. 눈빛이 강하고 목소리는 우렁차지. 마음에 들지 않는 일이 있으면 덩치 큰 남자들에게도 삿대질하며 거침없이 대드는 것을 보았어. 원시림 환경에 적응한 결과 키는 130센티미터 정도로 작지만 생존경쟁에서 살아남은 강인함을 느낄 수 있어."

독초가 말했다.

"그 강인함은 다시 이웃종족을 자극하여 노력하게 하고, 전체 발전에 기여하게 되어요."

내가 말했다.

"일을 마치고 돌아오면 어디서 들어왔는지 개구리 한 마리가 마치 주인인양 방 한가운데 앉아있는 날도 있었어. 벽에는 도마뱀이 갑자기 들어온 침입자에 놀라서 어디론가 구석으로 숨어버리고는 했지. 이들이 사람을 해치는 일은 없어. 단지 도마뱀이 너무 추운지 한밤중에 울면 너무 크게 들리는 것이 거슬리기는 하지. 나는 이들과 잘 지내고 있어.

문제는 개미들이었어. 자는 중에 갑자기 통증을 느껴 일어나 살펴보니 눈에 보일까 말까한 개미 한 마리가 침대에서 활보하고 있는 거야. 그 작은 생물이 깨무는 것이 상당히 아프게 느껴졌어. 침대 밑에는 여러 마리 개미들이 보이고 베란다로 나가보니 더 많은 개미떼들이 보였어. 아마도 창밖의 땅과 연결된 곳에 개미집이 있어 그곳에서 방까지 들어온 듯했어. 이들을 잡기도 하고 내보내기도 하던 중 개미가 있기에 땅의 공기가 소통되어 나무나 풀들이 잘 자란다는 생각이 났어. 거미, 모기, 개구리 등 모두 나름대로 역할이 있으니 개미들과도 잘 지내려고 해.

어떤 때는 수천 마리의 개미가 내가 사는 집 마당 앞으로 이사 오는 일이 있어. 그들이 바로 내가 사는 집 문 앞에 모여 있을 때 어쩔 수 없이 그들 무리에 발을 디딜 때면 내 바지 사이로 들어와서 순식간에 내 몸 전체로 이동할 때도 있었는데 나는 그들을 해치지 않아.

지금 여기 내 집에는 거미, 벌레들이 수두룩해. 더구나 거미들이 집안에 있으면 좋은 점도 있어. 내 집 사방에 거미줄이 있는 것 보이지? 해충을 막아주는 자연 방제효과가 있어. 눈에 보일 듯 말 듯 한 아기거미가 거미줄 짜는 것을 보면 생명에 대한 신비로움을 느끼게 해."

독초가 말했다.

"인간들은 이 다양한 생태계에서 돈벌이 목적으로 단일화시키고 다양성을 훼손시키고 있어요."

"그러나 유전자조작 같은 연구를 통해 식량을 대량생산하면 지구의 식량부족을 해결할 수 있어."

그러자 독초는 잘라 말했다.

"그런 시도를 하는 사람들이 세계의 식량부족에 대한 염려에서 하는 것이 아니라는데 문제가 있어요. 그들이 그렇게 원대한 포부를 가지고 일을 하는 것이 아니라 원가절감, 대량생산 등으로 이윤발생을 목적으로 하고 있다는 거예요. 여기에서 비롯되는 문제는 우리 모두에게 돌아오고요."

"그런데 너는 식물에게도 사고능력이 있다는 사실을 보여주었어. 텃밭을 가꿀 때 네 독이 내 피부에 닿는 것을 피하기 위해 어쩔 수 없이 독초를 제거해 가니까 너는 다른 식물 옆에 바싹 달라붙어 숨었지."

"물론 우리에게도 사고능력이 있어요. 선생님이 탄자니아에서 만나본

침팬지가 즐겨먹는 식물은 침팬지가 좋아하지 않는 색으로 변화할 수 있어요. 그들은 거대한 나무에 기생해서 살아가는 방법도 알고 있어요."

"그래. 여심화라는 꽃을 볼 기회가 있었어. 일반적으로 꽃은 시든 후 떨어지지만 그 꽃은 가장 아름다울 때 떨어진다 하더군. 떨어지고 나서도 14일 동안은 그 아름다움을 간직한다고 해. 보기 싫은 모습을 보이고 싶어 하지 않는 여자의 마음 같은 꽃이라 해서 여심화라고도 하지."

독초는 미소를 지었다가 이내 걱정스러운 표정으로 내게 물었다.

"아프리카 자생식물에서 특정성분을 추출하는 방법에 대해 강의할 예정이지요? 인간들은 그 방법으로 특허를 내어 우리를 멸종시킬 거예요."

내가 그 물질은 인간의 면역성을 높이고 항암효과도 있을지 모른다고 하자 독초는 머리를 저으며 말했다.

"인간의 연구는 문제의 원인은 생각하지 않고 단지 보이는 증상만 없애려 하고 있어요. 그 후에 새로운 문제가 발생하면 그것을 없애기 위해 다시 연구라는 이름의 작업을 해요. 인간의 생활은 건강하지 않아요. 맛있는 쌀을 얻기 위해 껍질을 벗겨내고 화학조미료를 많이 넣어 맛을 내고 삶에 수반하는 스트레스를

해소하기위해 과다한 음주를 하고 약물을 사용하기도 해요, 스트레스는 해결되기 전에 새로운 스트레스가 누적되어 문제를 일으키지요.

자동차는 탁월한 발명품이나 결국 인간은 덜 움직이게 되요. 각종 전자제품들에서 나오는 전자파, 자극적인 것 찾아 헤매는 생활이 인간을 병들게 해요. 인생은 단조로움의 연속인 것을 터득해야 해요. 면역성이 떨어져 질병에 쉽게 걸리는 것이 문제라면 생활을 정화하세요."

나는 수긍했다.

"지혜로운 말이야. 그러나 인간에게는 꿈이 필요해. 보다 나은 내일을 만들어가는 꿈이 있어야 해."

독초는 말했다.

"꿈이 지나친 욕심이 되지 않도록 적정한 선에서 절제하고 주위환경과 공존하려는 노력이 필요해요. 제한된 범위에서 만족하는 자족의 현명함을 배워야 해요. 인간은 모든 것을 소유할 수 없어요. 무엇인가 얻기 위해서는 잃는 것도 있어요."

6장

아름다운 새와 삶의 예술

수많은 다양한 종류의 새들이 이곳에 서식하고 있다. 그 많은 새들이 둥지를 틀고 알을 까는 것을 보아 이곳이 살기 좋은 곳이라는 생각이 들었다. 아침의 신선한 공기 속에서 지저귀며 생활터전으로 가는 모습을 보고 있으면 아무 걱정 없이 삶을 즐기고 있는 듯이 보였다.

이들 몸의 빨간색, 노란색, 파란색, 보라색, 초록색은 고산지대의 깨끗한 공기 속에서 더욱 선명하고 아름답게 보였다. 깨끗하고 강렬한 색채가 서양의 미술가들을 매료 했던 이유를 알 수 있을 것 같았다. 나는 이 새들에게 미조라는 별명을 붙여 주었다. 어느 날 이들의 아름다움의 비결을 물어보았다.

"우리는 아름다운 꽃의 액을 섭취하고 있어요. 먹는 것은 육체뿐 아니라 정신에도 영향을 끼치므로 우리가 섭취하는 것들이 아름다움에 기여할 수도 있겠으나 우리가 아름답다면 그것이 아름다움에 얼마나 기여할 수 있을지 모르겠어요. 우리는 어떤 것에도 구속되지 않고 살아 갈 뿐이에요."

"새벽 5시30분이면 신선한 아침공기를 가르며 너희들이 지저귀는 것을 들으며 잠에서 깨어나지. 이제까지는 닭이 새벽에 '꼬끼요' 소리를 내는 것으로 알았으나 많은 조류들의 특성인 듯해. 저녁에 너희들이 귀가하며 떠드는 소리를 들으면 하루가 지나갔다는 것을 알게 돼. 너희는 다변가이지? "

미조가 말했다.

"우리는 원대한 포부는 몰라요. 고릴라 같은 사상도 없고 요정 같은 영성도 없어요. 우린 현재에 살고 있어요. 그래서 항상 이야깃거리가 많아요. 우리는

현실을 중시해요. 광대한 세계를 넘나드는 독수리와 다르지요. 이곳 현지인들 같이 물질적으로 풍요롭지 못하나 행복해요. 이윤 극대화, 고품질 생산을 위한 쥐어짜기 노력, 현대사회를 유지하기위한 정신의 과부하가 우리에게는 없어요."

세파에 시달린 인간의 영혼과 달리 이들의 영혼은 건강하다. 새들은 복잡하게 생각하지 않는다. 르완다 수도 키갈리에서는 르완다어, 동아프리카에서 많이 사용되는 스와힐리어, 영어, 프랑스어 4개 국어가 통용되고 있다. 어렸을 때 쉽게 배울 수 있는 외국어를 르완다 인이 쉽게 익히는 이유는 새 들에게서 볼 수 있는 복잡하게 생각하지 않는 단순함 때문일지도 모른다는 생각이 들었다.

미조가 말했다.

"우리는 생명을 주는 태양에 감사하고, 밤에는 어둠을 밝혀주는 별에게 감사하고, 휴식을 주는 밤의 시간에 감사하며 살아가고 있어요. 우리는 내일을

별로 걱정하지 않아요. 오늘에 충실하면 그것이 내일을 기약한다고 생각하거든요. 이곳 사람들은 전통적으로 해뜨기 전에 일어나 소 젖을 짜고 해가 지면 다시 귀가하는 생활을 해 왔어요. 시간단위를 그렇게 정확히 계산하지 않았어요. 그런 의미에서 시간개념이 희박한 이곳 학생들에게 시간을 중시하라고 한 선생님 말씀에 공감해요.

하루 2시간, 4시간, 일주일, 한 달이 모여서 일 년이 되면 무엇인가 할 수 있다는 선생님 말씀은 이들에게는 새로운 개념일 수 있어요."

내가 말했다.

"2001년 7월 인천 공항에서 출국수속을 할 때 일어난 일이었어. 그 전날 은행에서 환전을 하기위한 금액을 완불하고 다음날 공항에서 화폐를 수령하기로 했었지. 은행창구에서 돈을 찾으려 하니 환전수령증에 수취인 이름이 잘못 기록된 거야. 처음 겪는 일이었어. 더 큰 문제는 항공권에 영문자 이름 철자 하나가 잘못 표기된 것이었어. 이렇게 되면 발권을 한 여행사에서 수정을 하지 않는 한 출국을 할 수 없어. 토요일 이른 시간에 여행사에 연락할 길이 막막하여 애를 먹다가 겨우 해결을 해서 다음 비행기를 탑승할 수 있었어. 아무리 큰 계획을 세웠다 해도 작다고 생각된 일이 잘못되면 허사가 되. 이런 의미에서 작은 것은 큰 것 못지않게 중요하고 원대한 포부 대신 현재의 사소하다고 생각되는 일에 충실하는 너희들 생활에 공감해."

내 말에 대해 미조는 말했다.

"저기 길바닥에서 기어 다니는 아기를 보세요. 잠시도 가만히 있지 못해요. 힘겹게 무거운 돌덩이를 굴리기도 하고 들어 올리려고 하거나 무엇인가를 하고 있어요. 이 때 그는 성취감을 느끼지요. 아무 할 일이 없으면 그는 지루함에 울면서 보챌 것이에요. 인간의 이러한 성향은 그가 살아있는 한 지속되고 삶의 각 단계에서 볼 수 있어요.

인간은 항상 이렇게 무엇인가 할 일이 있어야 해요. 추락하여 죽을 위험이 있음에도 고층건물 꼭대기에서 다른 고층건물에 줄을 매 놓고 줄타기를 하며 건너가는 데서 삶의 존재의의를 느끼는 사람이 그런 예이지요. 그는 결국 추락하여 죽었지만 그것이 인간의 모습이에요. 수백만 년 동안 존재해오는 과정에서 현재에 안주하지 않고 노력하도록 환경이 요구한 결과지요. 인간만이 이런 성향이 그의 유전자에 입력이 되어 있어요. 그러나 계속 새로운 것을 추구하기보다 이미 소유하고 있는 것에서 의미를 찾는 일이 중요해요."

"아, 그래. 서울에서 주로 지하철로 출퇴근을 하고 있을 때였어. 이른 아침이므로 전동차 내에서 졸고 있는 사람, 무료하게 앉아있거나 신문을 보는 사람, 귀에 이어폰을 꽂고 무엇인가 듣는 사람들로 채워진 조용한 객차 내에 전동차의 굉음이 유난히 크게 들렸지. 어둠속의 차창 밖이 갑자기 밝아지며 한강이 눈앞에 펼쳐지며 잠실대교 너머 산위에서 아침 해가 떠오르는 순간, 역광을 받은 건물들은 잠에서 깨어나 새 아침을 맞을 준비를 하고 햇살이 물에 은빛으로 반사되었어. 파란 하늘과 물새들을 뒤로 하고 전동차는 다시 어둠 속으로 들어갔지. 짧은 순간, 마치 사막에서 오아시스를 보는 듯 했었어. 일상생활 속에서도 이런 때가 있어."

"일상생활에서 새로운 것을 발견하고 의미를 찾는 힘이 필요해요. 아름다운 것을 보는 눈이 있어야 해요. 지금 아름답지 않게 생각되는 것에서 아름답게 될 수 있다는 가능성을 보아야 해요. 아름답게 만들어가는 노력이 현실의 어려움을 극복해 갈 수 있는 힘의 원천이 되어요."

"내가 지원하고 있는 이곳 주민들을 위한 야학교가 있어. 이곳에서 한국어,

영어를 가르치고 학용품과 상비약을 지원해 주고 있어. 얼마 전에 그 학생들이 꽃을 한 다발 가지고 왔어.

사랑을 상징하는 빨간 장미, 우정을 표현하는 노랑장미, 감사의 뜻을 전하는 카네이션을 이름 모를 꽃들과 같이 화병에 꽂아 사무실에 놓으니 사랑과 감사와 우정의 마음이 어우러져서 실내를 아름답게 하였지. 무심코 지나쳤던 실내에 비치된 것들이 의미 있게 보였어. 무질서하게 널려있던 책 더미들과 여기 저기 정리를 끝내지 못한 서류들마저 그런대로 보아줄 만 했어."

미조가 말했다.

"인간은 한 가지 일만 할 수 없어요. 며칠 동안 말을 하지 않고 침묵만 지킬 수 없어요. 말하는 과정을 통해 두뇌에서 언어를 담당하는 신경이 활성화되어요. 이렇게 자극 받은 신경은 다시 그와 연결된 세포와 신경을 자극하는 등, 이어지는 과정에서 여러 기관이 원활히 작동하게 되어요.

같은 음식을 계속 드시기 어려워 외식을 하고 계시죠? 새로운 음식은 소화기관을 자극하여 소화를 잘 되게 하는 물질을 분비하여 건강에 기여해요. 인간의 정신 역시 마찬가지예요. 반복되는 일상에서 무디어져 가는 사람의 마음도 가끔 변화를 주어야 해요."

"2003년 1월 인도 남쪽 끝 카니야쿠마리라는 인도양에 바로 접해 있는 곳을 방문했었어. 일출 광경은 여러 곳에서 보았지만 특기할 만한 것은 해가

뜨는 장면을 보았던 바닷가 바로 그 자리에서 해가 지는 것을 볼 수 있다는 거야. 큰 영감을 느낄 수 있었지."

"선생님 집 앞에서 야간버스를 타시면 우간다 수도 캄팔라까지 12시간 걸려 다음날 새벽에 도착해요. 자연경관이 빼어나고 절벽 위를 달리는 스릴을 느낄 수 있어요. 그러나 사고가 자주 발생하는 구간이에요. 우간다를 가려면 수도 키갈리 버스터미널을 이용하세요."

"이번 주말에는 부렐라 호수에 있는 튜사 섬에 가서 하룻밤 지낼 예정이야. 그 섬 주인이 언제든지 이용해도 좋다는 제안을 해서 가끔 가서 주말을 보내고 있어, 마을버스로 섬 가까운 정거장까지 가서 40분 도보로 호수에 도착해. 튜사섬을 신비스럽게 만드는 요소들이 몇 가지 있어,

그 호수에서는 르완다와 우간다의 국경에 위치한 무하브라산을 바로 눈앞에서 볼 수 있어. 해발 3,711 미터가 되는 산의 정기를 받는 느낌이었어. 어디서인가 은은히 들려오는 북소리는 신비감을 더해주지. 원래 이 일대는 공기가 깨끗한데 그 섬의 공기는 정말 신선해. 그렇게 깨끗한 공기는 귀국하면 내게 향수를 느끼게 할 것 같아. 다양한 열대식물들 사이에서 풀벌레들의 합창 소리를 들으며 호수에서 카약을 젓고 있으면 생활 속에 축적된 긴장이 말끔히 해소되는 느낌이야.

밤하늘에 총총히 빛나는 별들은 마치 눈앞에 있는 듯해. 새로운 상념을 불러일으키게 해. 밤의 정적 속에서 배가 물살을 가르는 소리는 신비로움을 더해 주지. 모든 것이 빠르게 처리되어야 하고 항상 새로운 과제가 주어지는 세상에서 마치 피난처 같은 곳이야. 재충전을 할 수 있어."

"르완다신문에 기고하신 원고는 게재되었나요? "

"농촌인구가 85%를 차지하는 나라이므로 농촌발전이 곧 나라발전이라는 내용의 원고 말이지? 그러기 위해 농민의 의식수준을 높여서 그들이 생산한 농산물이 하나의 상품으로서 제값을 받을 수 있도록 해야 된다는 내용이야.

생산자인 농민의 시장교섭력을 높이기 위해 농민교육을 시키고 그들의 힘을 결집시키는 협동조합을 육성해야 된다는 이야기였지. 각 지역에서 특산물이 개발되고 시장이 생기면 이와 관련된 산업이 진흥되어 지역이 발전하고 그것이 나라전체의 발전으로 이어진다는 내용인데 그 원고가 기사화되지 않은 이유는 아직 모르겠어."

"순진하신 선생님, 그것이 현실의 세계예요. 선생님이 권력자라면 국민의 다수를 차지하는 농촌인구가 깨어 결집하는 것이 좋겠어요, 아니면 이대로 있는 것이 좋겠어요. 그들이 결집하면 선거결과를 좌우할 수 있는 힘을 갖게 되어요. 권력자의 집권이 그들 뜻대로 될 수 있어요."

7장

박쥐와 세계적
유행병

무산제 일대의 지역은 과거에 화산활동의 결과로서 많은 동굴들이 있다. 내가 살고 있는 마을에서 시내로 가는 도중에 사잇길로 빠져나가면 박쥐들이 서식한다. 숲을 지나서 30분 쯤 걸아가다 보면 나무들 사이에 땅이 파인 듯한 구멍이 나타났다. 동굴이라고는 생각되지 않고 여우 굴 같기도 하고 농작물을 저장해 두는 곳이라고도 생각되는 구멍이었다. 입구도 제대로 되어 있지 않은 자연 상태 그대로 있었다.

조류독감 바이러스나 에볼라 바이러스 생각이 나서 망설이다가 호기심에서 들어가 보기로 했다. 돌에 걸리기도 하고 미끄러지며 아래로 들어가니 큰 공간이 보였다. 박쥐들로서는 안전지대라고 생각될 만한 곳이었다. 동굴천정에 매달려 쉬고 있는 박쥐들을 손전등으로 비추어 보았다. 마치 물구나무서기를 하는 듯이 거꾸로 매달려 있는 모습이 기이하게 느껴졌다. 이들은 오후 5시경 해질 무렵에 동굴을 떠나 활동을 시작한다, 수천 마리의 박쥐가 동굴에서 빠져나와 저녁하늘을 떼 지어 날아가는 장면은 장관이었다.

이곳을 찾아가서 박쥐와 대화를 할 수 있게 되었다. 처음에 박쥐는 경원했으나 입을 열었다.

“우리는 밤의 세계를 잘 알고 있어요.”

내가 물었다.

“밤의 세계라 해서 낮의 세계의 큰 차이가 있을까?

"밤은 인간을 타인의 시선으로부터 해방시켜요. 밤은 인간의 탐욕, 좌절과 자제력을 잃은 모습을 한층 더 잘 보여주지요. 어둠은 인간에게 내재되어있는 쾌락에의 유혹을 불러일으키고 어둠을 밝히는 불은 긴장을 이완시키는 작용을 해요, 인간을 충동적으로 만들어요. 그래서 밤의 세계에서는 어둠의 세력이 활개 치지요.

밤에 이루어지는 뒷거래, 술, 야합, 범죄들을 보세요. 인간의 욕심에 의해 만들어지는 역사는 밤에 이루어진다는 말이 있잖아요. 일에서 벗어난 해방감을 밤에 추구하지요. 한국인의 술 소비가 세계최고라는 것은 그만큼 스트레스가 크다는 의미이에요."

"그러나 밤을 잘 활용하는 사람들도 있어. 지나간 하루를 점검하고 조용히 자기 내면을 들여다보며 자기성찰을 하는 시간을 가지려고 노력하지."

박쥐가 말했다.

"한국의 밤의 세계는 특이해요. 어느 나라보다 불면증, 우울증에 시달리는 사람들이 늘어가고 있어요."

내가 말했다.

"그것은 한국사회가 고속으로 성장함으로써 생긴 후유증이라고 보아야 해.

2차 대전 종전 후 많은 신흥국들이 독립했지만 한국만이 유일하게 경제발전을 이룩했어. 하지만 많은 문제점을 내포한 발전이었어. 사회구성원이 생산해 낸 과실은 고르게 분배되어야 해. 그래서 잘 되어 있는 나라의 정부는 소수에게

이 과실이 돌아가는 것을 억제하고 있어. 한국은 개발과정에서 이를 허용했을 뿐 아니라 오히려 조장했어.

그 결과 자신은 발전의 혜택을 받지 못한다고 생각하는 사람이 과실을 축적해 행복하다고 생각하는 사람보다 많게 되었어. 그래서 르완다 지도층 인사들과의 간담회에서 한국경제개발 모델을 본받지 말고 아프리카의 모델을 만들라는 내용의 말을 했지."

박쥐가 말했다.

"그 이야기는 들었어요. 아프리카의 많은 나라를 비롯한 여러 개도국의 경우 권력층 주변의 소수 사람들에게 개발이익이 돌아가는 것을 볼 수 있어요. 한국의 경우 이보다는 낫다 해도 전체인구에서 광범위한 계층이 발전의 혜택에서 소외되었다고 생각한다는 내용이었지요? "

"그로 인해 한국은 세계에서 저출산 1위를 기록하고 있어. 젊은이들이 현실이 고달프고 미래가 보이지 않으므로 출산을 기피한 결과이지.

이대로 이백년 정도 가면 남한 땅에는 한국인이 한 명도 없게 될 거야."

박쥐가 말했다.

"그렇다 해도 한국인이 지난 50년간 보여준 활동력은 높이 평가 받을 만해요. 비록 그것이 복사기술을 사용하고 수입한 부품을 조립해서 세계시장에 공급한 것이 많은 부분을 차지한다 해도 땀, 노력, 불굴의 정신, 집념으로 비록

외견상이라 하지만 오늘의 발전된 모습을 있게 했지요.

항상 해뜨기 전에 일어났던 어느 기업의 임원

출근 전에 아파트 옥상에서 회의준비를 했던 회사원

밖에서 야간근무 할 때 틈틈이 달빛아래서 공부했던 자영업자

자전거 백미러에 외국어 단어장을 놓고 통학 길에 공부했던 학생

마치 전사가 전쟁터에서 목숨 걸고 전투에 임하듯, 한국인은 일했어요.

세계 어느 나라 사람이 이렇게 할 수 있겠어요?

2차 대전 후 많은 신생국들이 탄생했고 모두 경제개발을 위하여 노력했어요. 그러나 한국인처럼 노력한 나라는 없어요. 역사를 통해 고난 속에서 형성된 끈질긴 생존능력, 도전정신은 한국인이 성공에 필요한 자질을 가지고 있다는 사실을 보여주었어요.

1994년 르완다 내전에서 인구 중 약 1/10이 살상되었어요. 부모, 형제, 자식을 죽인 철천지원수들이라 생각할 수 있지만 지금은 화합해서 살고 있어요. 한국 역시 이런 정신을 가지고 사회갈등구조를 헤쳐 나갔으면 해요. 앞 세대들이 성장해가는 것을 보며 보람을 느꼈다면 이제는 이 문제를 해결해 가는 과정에서 성취감을 느끼며 한국 국민이 다시 일어설 수 있기 바라겠어요."

박쥐는 이어서 지금 문제가 되고 있는 세계적 유행병에 대해 말을 꺼냈다.

"인간들의 수명이 길어지며 건강이 큰 관심사가 되고 있어요. 수명은

연장되고 있으나 보건위생 환경은 나빠지고 건강을 위협하는 요인은 증가하고 있어요.

인간을 위협했던 요인들은 하나하나 과학의 힘에 의해 극복되었어요. 이제, 인간이 자부심을 가진 그 과학의 힘에서 비롯되는 부작용은 과거 어느 때보다 인간의 존재를 위협하는 요인이 되어가고 있어요. 작용하는 힘이 있으면 그에 따르는 부작용이 있어요.

이것들을 관리할 수 있을 때는 문제가 없으나 그렇지 못할 때 힘을 작용한 원천적 존재까지 위협할 수 있어요. 이 문제와 관련된 대책회의에서 오가는 인간들의 말을 듣고 있으면 인간들은 우리 박쥐에 대해 부정적 견해를 갖고 있다는 것을 알게 되어요."

박쥐는 최근 유행하고 있는 세계적 유행병 사태에 관해 큰 관심을 가지고 주시했던 듯 했다.

"인간은 박쥐를 별로 좋게 생각하지 않지만 우리는 평화를 사랑해요. 인간에게 어떤 종류의 해를 끼치는 행동은 하지 않아요. 그러나 우리를 인간들의 특정한 목적을 위한 수단으로 사용하려 한다면 문제가 발생할 수 있어요. 인간의 몸에 바이러스가 언제나 존재하고 같이 살아가고 있듯이 박쥐 역시 바이러스와 같이 살아가고 있어요.

세상 어디에나 이들은 지구생태계의 거주자로서 인간의 역사만큼이나 오래 존재해 왔어요. 우리들과 우리 내부의 바이러스를 포함하여 그 존재를 인정하고 같이 살아간다면 문제는 없어요. 그렇지 않다면 과거의 수많은 사례들이 보여주듯이 갈등관계에 놓이게 되어요.

인간은 환경의 산물이라는 말이 있는데 바이러스는 훨씬 더 강한 적응력을 소지하고 있어요. 마치 시대가 바뀔 때 마다, 정권이 바뀔 때마다 모습을 바꾸어 가며 정상급 자리를 항상 유지하는 처세의 달인들 못지않은 적응력이 있어요.

인간이 그들에게 대항하는 항체를 만들어 낸다면 그들은 더욱 강한 생존력을 가진 존재로 변이될 것이에요. 에이즈, 광우병, 신종 플루, 코로나 바이러스에게서 보듯이 이들에게는 뛰어난 적응력으로 계속 새로운 환경에 적응해가는 능력이 있어요."

나는 박쥐에게 여기서 60킬로미터 떨어진 이웃나라 콩고 원시림에서 에볼라 바이러스 활동으로 사망자가 나왔을 때 상황을 말해주었다.

"그쪽 지역사람들이 마을버스를 타고 이곳으로 수시로 왔다 갔다 했지만 나는 그들을 사랑으로 대했어. 보통 때처럼 항상 만석인 버스를 이용했고 악수를 청하면 거절하지 않았고 같이 대화하며 지냈지.

내게도 바이러스가 들어왔겠지만 나는 그들에게 해로운 일을 하지 않았어. 바이러스를 채취해서 그들의 몸을 전자현미경으로 관찰하며 당혹스럽게 하지 않았고 뜨거운 온도를 가해서 바이러스를 죽이려 하지 않았어, 더구나 그들의 유전자를 채취해서 구조를 내 마음대로 조작하는 일은 안 했어.

나는 그냥 같이 지냈어. 시장에서 발을 헛디디어 하수구에 빠졌을 때에도 다친 상처를 물로 씻어냈을 뿐 소독약을 사용하지 않고 나는 각종 해로운 미생물들과 같이 살았어. 여기서 지내는 동안 여러 종류의 바이러스가 내 몸에 들어왔겠지만 별일 없이 귀국할 준비를 하고 있어. 네 동료들이 수천 마리 서식하고 있는 동굴에도 들어가 보았으나 보다시피 건강해."

박쥐는 손뼉을 치며 밝은 표정으로 말했다.

"바로 그거예요. 인간은 현재상태를 변화시키려 노력하고 있어요. 불편함에서 편이성을 추구하고 자신들이 불편하다고 생각했던 환경을 제어하려 하고 있어요, 자연과 공존상태가 아닌 변화를 시도하고 있고. 더 적극적으로 이런 시도를 하고 있어요. 당연시 했던 것을 변화시키려 하고 자연을 자신에게 이용가능한 대상으로 여기고 있어요.

인간주위에 있는 모든 것을 사랑으로 대하세요. 자연에게 스트레스를 주는 어떤 행동도 자제해야 해요. 숲의 나무들을 벌채하고 오존층을 파괴하며 이산화탄소를 과다하게 배출하지 말아주세요. 유전자조작기술을 사용하려 마세요. 각종 화학물질을 사용하여 농작물을 대량생산하지 말아주세요. 석양이 붉게 물들이고 있는 저녁하늘의 아름다움을 훼손시켜 우리 감정을 메마르게 하지 말아주세요."

내가 말했다.

"인간의 면역력은 약화되어가는 반면에 바이러스를 포함한 유해미생물 활력은 증가하고 있어. 이미 항생제에 내성을 가진 박테리아가 발견된 바 있어. 이런 문제에 대해서 관심을 기울어야 한다고 늘 생각하고 있었어. 이 지역 감기바이러스는 한국과 달리 감기에 걸렸을 때 상당한 불쾌감을 수반했으나 약을 먹지 않고 버틴 것도 그런 이유에서였지."

박쥐가 말했다.

"인간의 자체 면역력이 외부에서 들어온 백신 때문에 약화되듯이, 안락함에 빠져 그 결과 자신의 보호기능이 쇠퇴되어 문제가 발생하게 되지요. 인간들의 생활양식이 질병에 대한 대처능력을 약화시키는 사실은 방치하고 면역력을 높일 수 있다는 물질을 개발하여 대처하려는 시도는 앞뒤가 바뀐 것 이예요.

환경오염은 더해 가는데 이에 따르는 문제점을 생명공학연구로 제어하려는 시도 역시 마찬가지지요. 특정한 성분이 함유된 식품을 개발하여 이를 섭취하면 질병을 예방할 수 있다는 생각을 하기도 해요. 문제의 원인은 방치하고 단지 증상치료에 몰두하는 사례들이예요.

선생님 텃밭의 독초가 지적했던 인간의 생활에 건강하지 않은 면이 있는지 돌아보아야 해요. 생활을 정화하세요.

미조가 말했듯이 일상의 삶을 예술로 만드세요.

고릴라가 말한 삶의 짐을 지고가면서

독수리가 말한 삶의 수수께끼를 풀어서

포범이 말한 서로 돕고 살아가는 상생의 세계를 만들어 보세요.

그리고 나서 요정이 말한 이렇게 살아간 삶에는 좋은 결과가 있으리라는 희망을 가지고 이 세상을 떠나가는 것이에요."

박쥐의 말은 지금 문제가 되고 있는 세계적 유행병 또는 앞으로 다가올지 모르는 새로운 형태의 보건위생문제에 대처하는 방안은 인간의 주위에 있는 모든 것들을 사랑으로 대하라는 말이었다. 주변의 모든 존재와 평화로운 관계를 유지하라는 박쥐의 말은 귀담아 들을 만했다.

"모든 존재는 왜 사랑받기를 원할까? "

박쥐에게 물어보았다.

"사랑은 우리 모두를 '잘' 존재하게 해요. 자연계의 모든 것은 혼자 있는 것을 제일 싫어해요. 이것이 자연계의 모든 존재들이 생성되는 기본 원리이에요.

사랑은 연결시켜주고 협력을 가능하게 하여 더 잘 존재하기 위한 조건이 성립되게 해요.

자신의 유전자를 영원히 존재하게 하려는 인간의 욕구를 충족시키지요.

삶 속의 공허감을 사랑이 채워주어요.

무의미하게 여겨지는 삶에 의미를 부여하고 명암을 제공해요.

사랑은 생존, 발전, 승화의 욕구를 동시에 충족시켜주어요.

마치 물에 대한 필요가 갈증을 불러일으키듯이

모든 존재는 사랑을 갈망해요.

사랑이 있으면 아집, 교만, 탐욕, 무절제, 분노, 공포, 허영 등의 마음을 제어할 수 있어요."

"곧 귀국하시지요? 아프리카에 있는 동안 특별히 어려웠던 일이 있었나요? "

"어려웠던 때라기보다 큰 어려움에 처할 뻔 했던 일이 있었어. 남아공 케이프타운 가는 길에서 일어난 일이었어. 케이프타운에서 2박 후 잠비아에 있는 빅토리아 폭포를 볼 예정이었지. 여행사 직원이 하는 말이 잠비아 하라레 공항에서 가면 된다는 거야. 그래서 항공일정을 그렇게 잡았어. 빅토리아 폭포에 다녀온 지인의 말이 공항에서 폭포까지는 가까운 거리이므로 택시로 폭포까지 갈 예정이었어.

르완다를 떠난 비행기가 잠깐 잠든 사이에 공항에 착륙했어. 많은 탑승객들이 일어나서 짐을 챙기며 나가기에 나는 남아공 수도 요하네스버그에 도착한 것으로 생각했지. 출국수속을 마치고 예약한 호텔의 셔틀버스를 탔던 거야. 내 경험으로는 비행기가 중간착륙을 할 때는 항공사직원이 탑승권을 확인해서 출국자인지 대기자인지를 확인하기에 나는 내리는 승객들을 따라갔었어. 호텔에 도착할 때 까지만 해도 요하네스버그에 도착한 것으로 믿고 있었으나 호텔에 가서 보니 잠비아에 내렸던 것이야.

다음 항공기는 사흘 뒤에나 탈 수 있었기에 나는 어쩔 수 없이 모든 일정을 포기하고 다시 르완다로 돌아올 수밖에 없었어. 모처럼의 휴가계획은 수포로 돌아갔고 금전적으로도 손실이 있었지. 그런데 나중에 확인한 일인데 그 때 계획대로 남아공에 갔더라면 상당히 어려운 상황에 처할 수밖에 없었어. 여행사 직원은 빅토리아 폭포에 가려면 잠비아 하라레 공항에서 내려야 한다는 말을 했었는데 그 직원은 그럴 경우 공항에서 버스를 이용한다는 의미였지. 하라레 공항에서 빅토리아 폭포까지 거리는 약 900킬로미터라는 사실을 몰랐던 것이었어. 만일 택시를 이용 했다면 비용도 엄청나게 들었겠고 시간상으로도 부족해서 일정은 어긋날 수밖에 없었어. 안전을 위해 신용카드는 지참하지 않았고 소지한 현금은 여행일정에 필요한 만큼이었기에 참으로 어려운 상황에 처할 뻔 했어.

그 사건이 우연일까, 아니면 필연일까에 대해 생각해 보았어. 어쩌면 단순히 우연히 생긴 일 일 수 도 있겠지, 아니면 내 삶의 전체 구도 속에서 유리한 국면에 처해 있었기에 액운을 비켜 갔을 수도 있어. 여행사 직원 말을 너무 쉽게 따라서 한 일이 문제의 발단이었지만 평소에 사소한 일이라고 생각되는 일을 쉽게 지나치는 성향이 있었다면 그로 인해 언젠가는 낭패를 볼 수 있기에 이때는 필연적인 사건이었다고 할 수 있어.

아무리 매사를 철저히 준비한다 해도 인간이 하는 일에는 반드시 허점이 나타나게 마련이라는 생각이 들었어. 인간은 많은 것을 계획하고 수행하면서 점검하고 최선을 다하려 하지만 그 결과에 대해서는 장담할 수 없어. 최선을 다할 뿐. 천우신조라는 말이 있어. 하늘의 신령한 존재가 도와준다는 말이야.

겸손한 자세가 필요해."

"선생님 이야기를 듣고 있으니 인간의 사고력은 역시 우리 동물보다 한 수 위라는 생각이 들어요.
자연을 울긋불긋하게 산과 들을 수놓은 꽃들,
상록수를 비롯한 나무들이 녹음을 자랑하고 있어요.
비 온 뒤 먼지들이 씻겨 나간 나무들이 더욱 푸르게 보여요.
아침햇살에 잎사귀가 더 무성해 보이는 나뭇잎들은
한낮에는 햇볕을 받아 더 짙게 보이고
해질 무렵 나무들이 호수에 반사되어 호수전체가 초록색으로
변하고 있어요.
저 멀리 호수 길을 행인 하나가 지나가고 있어요.
전체 경치에 더 생동감을 주지 않아요?
인간이 가장 아름답다는 것을 느끼게 해요.

우리는 인간에게 많은 것을 기대하고 있어요.
인간은 지구를 밤하늘에 영롱히 빛나는 별로 만들 수 있어요.
그때 지구는 우주 속에서 밝은 빛을 낼 거예요.
우주전체를 아름답게 하는 별이 될 거예요.
지구의 조화로움이 합창소리같이 우주공간에 울려 퍼지겠지요.
인간만이 이 일을 할 수 있어요.
이 일을 맡아 주세요."

(끝)